The Surival Guide for Parents of Gifted Kids

부모에게 꼭 필요한
영재교육 클래식

초판 1쇄 인쇄 ＿ 2006년 11월 5일
초판 1쇄 발행 ＿ 2006년 11월 15일

지은이 ＿ 샐리 워커
옮긴이 ＿ 이양원
펴낸이 ＿ 이완재
펴낸곳 ＿ 동인
　　　　　주소 / 서울시 서대문구 북아현3동 192-2
　　　　　대표전화 / 02) 393-9814, 365-6368
　　　　　팩스 / 02) 365-6369
　　　　　E-mail / dongin1111@empal.com

ISBN 89-8482-122-5 (03370)
값 10,000원

잘못된 책은 교환해드립니다.

부모에게 꼭필요한

영재교육
클래식

부모에게 꼭 필요한

영재교육 클래식

동인

"아이의 든든한 지원자가 돼라"

1. 아이가 끝없이 질문을 해대서 미칠 지경입니까?

2. 당신은 잊고 싶어 하는 일들을 아이가 기억하고 있습니까?

3. 아이가 새로운 개념에 접하는 것을 좋아합니까?

4. 아이가 나이에 비해 어휘가 풍부합니까?

5. 아이가 주변 상황을 인식하고 있습니까? 그리고 대답해주기 어렵거나 거의 불가능한 일들에 대해 질문을 합니까?

6. 아이가 자기 또래와 어울리기보다는 어른들이나 나이 많은 아이들과 어울리는 것을 좋아합니까?

7. 아이에게 희한한 유머감각이 있습니까?

8. 무슨 일을 할 때 아이 자신이 앞장서서 주도하기를 좋아합니까? 그리고 그 일을 어떻게 하면 되는지 당신이나 다른 사람들에게 말해 주려 합니까?

9. 아이가 자신의 한계나 정해진 선을 넘으면서까지 뭔가를 하려하고, 안 된다고 해도 말을 안 들으면서 오히려 이유를 따지고 듭니까?

10. 아이가 여러 가지 것에 대해 폭넓은 흥미를 가지고 있습니까? 아니면, 한 가지에 흥미를 가지고 거기에 푹 빠져 있습니까?

위의 질문들 대부분에서 '예'라고 답했다면 이 책은 당신을 위한 것이다. 이 책은 또래에 비해 특별한 재능과 지능을 드러내는 아이를 둔 부모들, 혹은 예전에는 그런 게 있는 줄도 몰랐던 일들을 아이 때문에 경험하게 된 부모들을 위한 책이다. 당신의 아이가 영재 판별 절차를 거쳤을 수도 있고 아닐 수도 있다. 어쩌면 아이가 영재라는 공식적인 확인을 받지 않았을 수도 있지만, 당신은 아이가 또래 아이들과 다르다는 것을 알고 있다. 다시 말해, 아이가 평범하지 않다는 것을 알고 있다. 당신의 아이는 한계에 도전하고 남과 다른 자기만의 기준에 따라 움직이며, 결과적으로 당신의 부모 노릇을 훨씬 힘들게 한다. 만약 당신 마음속에서 "내가 지금 뭘 하고 있는 거지?", "왜 이렇게 힘들고 또 그러면서도 뿌듯하지?"라는 질문이 늘 떠나지 않는다면 이 책은 당신을 위한 책이다.

영재 자녀를 키우는 일이 쉬울 것이라고 생각하지는 않았겠지만 이렇게 힘들 줄은 몰랐을 것이다. 영재 자녀의 부모 노릇하기란 질릴 정도로 힘든, 엄청난 일이 될 수 있다.

아마 당신은 누구의 도움도 없이 혼자서 영재 자녀에 대한 힘든 결정들을 내려야 할 것이다. 한 가족처럼 지내는 친척들과 대가족은 옛날이야기가 되어버렸고, 혹시 조부모나 다른 친척이 도와줄 마음과 능력이 있다 하더라도 그들이 당신의 상황을 다 이해하지는 못한다. 당신이 이미 시도해 보고 느꼈겠지만, 그들의 제안은 도움이 되지 않는다. 당신의 아이가 다르기 때문이다. 아마도 그 아이는 더 열성적이고, 더 극단적이고, 더 똑똑하고, 더 집요할 것이다. 다른 누구도 이해하지 못하는 것처럼 보일 것이다. 바로 그런 상황에서 이 책이 도움이 될 수 있다. 언제 어디서나 당신의 질문에 대답해주고, 필요한 경우에는 당신을 격려하고 칭찬해주는 존재. 이 책을 그런 존재로 생각해 주기 바란다.

지난 십여 년 간 이 책은 영재 자녀를 이해하고 키우는 그 엄청난 책무에 직면한 부모들에게 도움이 되어 왔다. 당신들은 이 책을 통해 영재 교육의 배경과 역사에 대해 배우고, 이 아이들이 남과 다른 것은 어떤 특성 때문인지 살펴보고, 이 아이들에게 필요한 것은 무엇인지 알게 될 것이다. 그리고 각 학교에서 영재 아동들의 특성과 능력을 수용하기 위해 어떤 방법을 시도하고 있는지에 대해서도 알게 될 것이다. 또한, 이 아이들의 어떤 특성이 문제를 일으킬 수 있는지, 부모로서 어떻게 대처해야 하는지도 알게 될 것이다.

이 책을 통해 독자들은 다음과 같은 것을 알게 될 것이다.

• 영재 아동들에게는 공통적으로 어떤 특성이 있는가?

• 영재 아동을 어떻게 판별하는가?

• 왜 우리 아이는 어떤 수업 시간에는 영재처럼 보이다가도 다른 시간에는 그렇지 않은가?

• 부모로서 주의를 기울여야 할 경고 신호에는 어떤 것이 있는가?

- 영재 학생들을 위한 프로그램에는 어떤 것이 있는가?
- 우리 아이가 보다 나은 교육을 받게 하려면 내가 어떻게 해야 하는가?

부모로서 영재 교육을 위해 적극적으로 어떻게 나서서 목소리를 낼 것인지 알게 되면 우리 집 자녀의 교육에 큰 변화를 가져올 수 있다. 더불어 다른 영재 아동들에게도 도움을 줄 수 있다. 그리고 교육체계와 협력해서 문제를 해결해 나가는 방법에 대해 유용한 지침을 얻을 수 있을 것이다.

부모의 역할을 한마디로 표현하자면 아이의 든든한 지원자가 되어 주는 것이다. 그러므로 적극적으로 관여해야 한다. 그것 또한 영재 자녀를 키우는 일의 한 부분이다. 당신이 관여함으로써 당신과 당신의 아이 모두 혜택을 받을 것이다.

영재 자녀를 둔 부모의 가장 큰 푸념 8가지

1. 영재 자녀를 키운다는 것이 도대체 어떤 것인지 아무도 설명 해주지 않는다.

2. 내 아이에게 영재라는 꼬리표가 붙는 것이 싫다.

3. 우리의 문제가 독특한 것이라는 사실을 친척들도, 다른 부모 들도, 교사들도 알아차리지 못한다. 그들은 영재를 키우는 일 이 아주 쉬울 거라고 생각한다.

4. 모든 부모들은 자기 아이가 아주 특별하다고 생각하고 싶어 한다. 그래서인지 어떤 이들은 내가 자기만족을 위해서 아이 를 별나게 키우는 부모라고, 혹은 단순히 아이를 다그치는 부 모라고 생각한다.

5. 학교에서는 영재 아동들을 가만히 놓아둬도 스스로 재능을 발휘할 것이므로 그 아이들을 위한 특별 프로그램은 필요 없 다고 생각한다. 하지만 그게 사실이라면 왜 우리 아이가 학교 생활을 지루해하고 불만스러워하는 것일까?

6. 사람들은 우리 아이가 모든 면에서 뛰어나기를, 혹은 어른처 럼 행동하기를 기대한다.

7. 부모들은 영재 키우기라는 엄청난 임무를 수행하면서 어느 누구로부터도 도움을 얻지 못한다. 그 아이의 부모이니 다 알 것이라고들 생각한다.

8. 영재 자녀를 키우는 일은 거의 탈진할 만큼 힘들다. 좀 덜 힘 들게 할 수 있는 방법이 있었으면 좋겠다.

영재 : 과거와 현재의 시각

이름이 대체 무슨 소용인가? 우리가 장미라 부르는 그것을 다른 어떤 이름으로 불러도 여전히 향기로운 것을. - 셰익스피어

영재성은 항상 가치 있는 것으로 여겨졌는가?
오늘날의 영재 아동들은 자신에게 필요한 교육을 받고 있는가?

오늘날의 사회에서 영재 교육의 역할은 무엇인지 조망해보는 한 가지 방법은 영재 교육의 역사를 살펴보는 것이다. 과거에는 영재성을 어떻게 인식하고 평가했었는지, 그리고 때때로 사회가 영재성을 무시했던 것은 어떤 이유에서였는지를 이해하면 현재의 영재교육이 나아갈 바를 계획하는 데 도움이 된다.

영재 발굴의 중요성을 주장한 최초의 인물은 플라톤으로, 그는 아리스토텔레스의 스승이자 기원전 380년경에 최초의 대학을 세운 사람이기도 하다. 그 당시의 다른 학교들과는 달리, 플라톤의 학교에서는 수업료를 받지 않았고 남자아이뿐만 아니라 여자아이들도 학생으로 받아들였다. 입학 자격 역시 그 시대의 일반적인 기준이었던 신분보다는 아이의 지능과 체력에 근거해 주어졌다. 플라톤은 모든 아이들을 어릴 때 테스트해야 한다고 주장했다. 그의 그런 견해는 영재성은 유전되는 것이라는 대중적인 믿음 —이 믿음은 그때 이후로 종종 표면화되곤 했다— 에 반하는 것이었다. 요즘 선천성 vs. 후천성(또는 유전 vs. 환경) 논쟁으로 불리는 것도 이런 논쟁과 이름만 다를 뿐 결국은 같은 것이다.

중국에서는 618년 당(唐)나라 초기부터 영재 아동의 발굴에 특별한 노력을 기울였는데, 그렇게 선발된 아이들은 황실로 보내져 재능을 계발토록 하였다. 여기에는, 아무리 뛰어난 영재일지라도 특별한 지도와 훈련이 없으면 그 재능을 꽃피우지 못할 것이라는 믿음, 모든 사회 계층의 영재 아동들에게 교육의 기회가 주어져야 한다는 믿음, 아이들은 각자의 능력에 따라 차별화된 교육을 받아야 한다는 믿음이 깔려 있었다.

유럽에서는, 장래가 촉망되는 평민 아이들에게 교육의 기회를 주려는 시도가 서기 800년 샤를마뉴 대제(the emperor Charlemagne)에 의해 처음으로 이루어졌다. 그는 국가가 그 아이들의 교육에 드는 비용을 부담하도록 했다. 당시 유럽에서는 귀족이 아니면 교육을 받을 기회가 거의 없었던 데다가, 그 교육이라는 것도 종교적 광신의 지배를 받고 있었다. 기독교 국가들에서 고전적인 학문이 수도원으로 쫓겨 들어간 데 비해, 이슬람 국가들에서는 순수과학에 계속 관심을 기울여 천문학과 수학에서 발전을 거듭했다. 당시의 회교사원 학교에서는 빈부, 남녀를 가리지 않고 학생을 받았고, 수업료는 무료였다.

13세기 후반에 시작되어 16세기의 종교개혁 때까지 이어진 르네상스 시대에 유럽인들은 예술, 문학, 그리스 로마의 고전 문화에 대해 다시 새로이 관심을 가지게 되었다. 인쇄술의 발명으로 책이 보다 쉽게 보급되었고, 더불어 교육도 부활하게 되었다.

유럽인들이 북미대륙에 건너가 정착하면서 그들의 교육적 전통도 함께 따라왔다. 하지만 미국독립전쟁 즈음에 이르자 토마스 제퍼슨(Thomas Jefferson) 같은 이에 의해 잠재력을 가진 아이들에게 국가가 비용을 부담하여 대학 교육을 제공해야 한다는 주장이 나오게 되었다.

영국의 과학자 프란시스 갈튼(Francis Galton)은 지능과 지능검사를 처음으로 연구한 학자 중 한 명이다. 사촌이었던 찰스 다윈(Charles Darwin)의 진화론에 영향을 받았던 그는 자연도태를 통한 유전이 지적능력을 결정하는 주요요인이라고 믿

다윈의 진화론에 영향을 받은 프란시스 갈튼은 자연도태를 통한 유전이 지적능력을 결정하는 주요요인이라고 믿었다. 그러나 그는 특권 계급의 아이들에게는 물질적 뒷받침과 교육과 기회가 더 많이 주어진다는 사실을 간과했다.

었다. 그는 「천재성의 유전(Hereditary Genius)」(1869)이라는 저서에서 우수한 사람들은 우수한 가계에서 나오는 경향이 있다고 주장했다. 그러나 그는 특권 계급의 아이들에게는 그들이 우수한 사람이 될 수 있도록 도와주는 물질적 뒷받침과 교육과 기회가 더 많이 주어진다는 사실을 간과했다. 오늘날 우리는 영재성에 유전적 요소가 있기는 하지만 그것만으로는 영재성을 정확하게 예측할 수 없다는 것을 알고 있다. 부모가 모두 천재인데 지능이 보통인 아이를 낳을 수도 있는 일이고, 지능이 평균 이하인 부모가 아주 뛰어난 지능의 아이를 낳을 수도 있는 것이다. 아직 완전히 밝혀지지는 않았지만 아이의 환경 또한 중요한 역할을 한다.

19세기 중반 공공 교육이 체계화되기 전까지 미국에서 교육을 받을 수 있는 사람은 대개 가정교사를 두거나 사립학교에 갈 여유가 있거나, 혹은 연줄이 있는 사람으로 제한되어 있었다.

20세기 초에 이르러서야 미국과 유럽 사회가 평균보다 뛰어나거나 떨어지는 지적능력을 가진 학생을 위한 교육에 관심을 가지게 되었다. 이 시기에 심리학자 알프레드 비네(Alfred Binet)가 프랑스 정부의 의뢰로 정규 교과과정이 맞지 않아 특별 수업이 필요한 아이들을 가려내기 위한 검사를 개발했다. 이 검사에서 측정한 것은 사람들의 '판단력' 혹은 '정신연령'이었다.

비네의 연구는 지금까지도 교육심리학 분야의 가장 중요한 업적 중 하나로 꼽힌다. 하지만 지능은 고정된 것이 아니라 학습을 통해 향상될 수 있는 것이라는 그의 주장은 오늘날의 관점에서 보아도 급진적인 면이 있다.

1916년에 미국 스탠포드 대학교의 심리학자 루이스 터먼(Lewis Terman)은 비네의 지능검사를 들여와 영어로 번안한 후 미국 학생들에게 맞도록 표준화했다. 이 검사는 스탠포드-비네 지능 검사로 알려지게 되었다. 아이러니하게도 스탠포드-비네 검사는 지능이 고정된 것이라는, 즉 학습을 통해 향상시킬 수 없다는 가정을 바탕에 깔고 있다.

터먼은 이 표준화된 검사를 이용해 영재 아동들을 가려낸 후 그들을 연구했다. 1920년대에 그는 IQ 140 이상인 아동 1500여명을 가려냈다. 일반인의 평균 IQ가 100인 데 비해 터먼의 연구대상이 된 아동들의 평균 IQ는 150이었다. 터먼은 이 아동들을 유치원 때부터 고등학생을 거쳐 30대가 될 때까지 추적하며 이들의 신체적, 심리적, 사회적 발달 및 직업 활동에 대한 자료를 수집했다. 터먼의 연구에 참가했던 이들 중 현재 생존해 있는 사람들은 터먼의 후임자들이 진행하고 있는 종단 연구에 계속해서 참가하고 있다.

터먼은 '영재' 라는 용어를 처음으로 사용한 사람이었다. 그의 연구는 지능이 높은 사람들을 대상으로 한 장기종단연구 중 가장 광범위한 것으로 인정받고 있다. 그는 연구 결과들을 「천재에 대한 유전적 연구(Genetic Studies of Genius)」라는 다섯 권 짜리 책으로 펴냈는데, 많은 이들이 이 책을 영재 연구 분야의 고전으로 꼽는다.

영재성에 대한 그릇된 통념들

터먼의 연구 이전까지만 해도 영재성은 이로운 것이라기보다는 일종의 문제로 받아들여졌다. 다시 말해 바람직하지 못한 것이라 여기게 만드는 근거 없는 통념들이 보편적이었는데, 이 중 많은 것들이 터먼의 연구에 의해 깨어졌다. 하지만 그런 오래된 통념들의 잔재가 아직까지 남아 있어서 오늘날에도 영재성에 대한 근거가 불확실한 이야기, 두려움 같은 것들이 떠돌고 있다.

아주 먼 옛날부터 천재는 정신적으로 불안정하다는 속설이 이어져왔고, 연구자들 역시 수백 년 동안 영재성과 정신적, 정서적 문제의 상관관계를 찾으려 노력했었다. 이탈리아의 사회학자이자 범죄학자였던 체사레 롬브로소(Cesare Lombroso)는 1895년에 출판된 「천재의 광기(Insanity of Genius)」라는 책에서 정신이상이나 자살이 천재성과 상관있는 것으로 보았다. 하지만 터먼이 밝혀낸 것은 오히려 그 반대다. 그의 자료에 따르면 영재들은 보통 사람들보다 심리적으로 더 안정되어 있다. 일부 영재들이 불안정한 것은 그들의 영재성 때문이 아니라 환경 때문이라고 터먼은 주장한다.

터먼의 시각을 지지하는 증거들이 계속해서 나왔다. 심리학자들은 특별히 창조적인 사람이 왜 보통 사람보다 특정 정신 질환으로 고통 받는 일이 더 많은지를 알아내기 위한 연구를 계속하고 있다. 유명한 시인, 소설가, 미술가들이 우울증이나 기타 기분장애(mood disorder)에 걸리는 비율이 보통 사람에 비해 높다는 것을 밝혀낸 연구들이 많이 있지만, 그런 연구결과들은 맥락을 참고해서 받아들여야 한다. 기분(mood)에 문제가 있는 창조적인 사람들 중 대부분은 심각한 정신질환이 아니라 가벼운 증세를 보이는 경향이 있다. 어쩌면 그들이 심리적 문제를 겪는 것은 창조적인 특성을 항상 존중하지만은 않는 우리 사회에서 예외적으로 창조적인 사람으로서 살아가야 하는 탓일 수도 있다. 샌프란시스코의 정신과 의사이자 「한 천재 음악가의 내면의 목소리(The Inner Voices of a Musical Genius)」(19세기 작곡가 로베르트 슈만에 대한 책)의 저자인 피터 오스왈드(Peter Oswald)는 특별한 재능이 있거나 창조적인 사람들이 분노, 좌절감, 우울증을 경험하는 것은 그들의 고단한 삶과 밀접한 상관이 있다고 보았다.

영재성에 대한 또 한 가지 그릇된 통념은 바로 '일찍 핀 꽃이 일찍 진다'는 것이다. 여기에는 영재들이 어렸을 때 그 재능을 다 소진해버린다는 의미가 들어 있었다. 아이들은 정해진 양의 재능을 가지고 태어나므로 그 재능을 다 써버리면 끝이라는 것이다. 그 말을 믿는 사람이라면 자기 자녀가 조숙한 아이이기를 바란다거나 조기 학습을 격려하는 일은 절대 없을 것이다. 하지만 터먼은 그런 소진 현상이 일어나지 않음을 밝혀냈다. 오히려 그는 아이들이 평생 동안 능력을 성장시킬 수 있다고 보았다.

터먼의 연구결과에 따르면, 영재들은 매우 생산적이고, 원만하고, 매력 있으며 집단의 지도자로 뽑히는 경향도 높다. 똑똑한 사람들은 모두 비쩍 마르고 안경 쓴 약골이라는 통념(요즘에도 흔히 이런 모습으로 그려지고 있다) 역시 터먼에 의해 깨졌다. 실제로 대부분의 영재는 신체적으로 잘 발달되어 있고 건강하다.

터먼의 연구가 영재성에 관한 연구들 중 가장 광범위한 것이긴 하나 흠이 없는 것은 아니다. 연구 대상이 된 아동들은 주로 캘리포니아에 사는 중산층 백인이었고, 유태계 아동이 지나치게 많은 반면 흑인, 중남미계, 동양계 아동은 지나치게 적었다. 또한 그는 사회경제적 지위가 성격에 미치는 영향을 간과하였다.

요즘 사람들의 오해

영재 아동에 대한 오해는 오늘날에도 많이 남아있다. 일부 부모들이 자기 아이에게 영재라는 꼬리표가 붙는 것을 꺼려하는 것도 아마 그 때문일 것이다.(꼬리표 붙이기에 대한 찬반양론은 58~63쪽에 자세히 나와 있다.) 다음은 요즘 사람들이 영재에 대해 가지고 있는 잘못된 생각 몇 가지다.

- 영재 아동은 누가 말해주기 전까지는 자기가 남들과 다르다는 것을 모를 것이다.
- 영재 아동은 특별한 도움 없이도 스스로 재능을 꽃피울 것이다.
- 영재 아동은 잘 되기 위한 모든 조건을 갖추고 있다.
- 영재 아동이 잘못을 저지르면 다른 아이들보다 더 엄하게 벌해야 한다. 더 잘 할 수 있었기 때문이다.
- 영재 아동에게는 끊임없이 그 능력에 걸맞는 과제를 주며 바쁘게 만들어야 한다. 그러지 않으면 아이가 나태해질 것이다.
- 영재 아동이 가진 다른 어떤 점보다 영재성을 높이 사야 한다.
- 영재 아동은 일상적인 규칙을 지키지 않아도 된다. 그리고 이 아이를 보통 사람의 예의범절로 얽매서도 안 된다.
- 영재 아동은 학업과 신체적, 사회적, 정서적 측면 모두에서 똑같이 성숙해야 한다.

영재 교육에 대한 아름답지만은 않은 진실

미국의 영재 교육은 상반된 여론 때문에 시련을 겪어왔다. 우리 사회는 모든 아이가 각자의 잠재력을 완전히 발현할 수 있도록 기회를 주고 격려해야 한다는 믿음을 가지고 있다. 하지만 한편으로 우리는 '인간은 모두 평등하게 태어났으므로 특정 집단을 골라내는 것은 불평등한 대우'라는 생각 역시 가지고 있다. 그러나 토마스 제퍼슨이 멋지게 말했듯이 똑같지 않은 사람들에게 똑같은 대우를 하는 것만큼 불평등한 것은 없다.

1941년에 노스웨스턴 대학교(Northwestern University)의 폴 위티(Paul Witty)는 미국 교육부의 의뢰를 받아 영재 교육 프로그램에 대한 연구를 수행했다. 그 결과 암담한 사실들이 밝혀졌다. 조사 결과에 의하면, 영재 아동을 위한 특별 프로그램을 운영하는 학구(學區)는 미국 전체 학구 중 2~4 퍼센트에 불과했다. 그나마 영재 프로그램이 있는 학교에서도 그 프로그램이 성공하면 오히려 프로그램 운영에 해가 되는 경우가 흔하다는 사실이 밝혀졌다. 영재 프로그램을 성공적으로 운영한 행정가들이 더 높은 직책으로 옮겨가는 경향이 있었기 때문이다. 심지어 그로 인해 그 학구에서 영재 프로그램이 사라지는 일도 종종 생겼다.

1954년에 오하이오에서는, 공립학교에서 영재 학생들을 위한 특별 교육을 실시해야 한다고 믿는 학부모들과 교육자들이 전국영재아동연합(National Association for Gifted Children)을 결성했다. 그 풀뿌리 조직은 급속도로 성장했다.

미국 전체가 영재 교육에 관심을 가지고 개선의 필요성을 느끼게 된 계기는 바로 1957년 소련의 스푸트니크(Sputnik)호 발사였다. 이 83.6kg짜리 금속구에 경악한 미국인들은 미국이 수학과 과학에서 소련에 뒤처지게 된 것이 교육제도 탓이라며 비난했다. 1958년 국방교육법(National Defense Education Act)이 의회에서 통과되었고, 그 결과 정부가 비용을 부담하는 영재 판별 검사가 처음으로 이루어졌다. 또 우수한 학생들이 대학에 진학하도록, 특히 수학이나 과학을 전공하도록 장려하기 위한 학생지도 프로그램도 정부의 자금 지원을 받게 되었다.

케네디(John F. Kennedy) 대통령은 "달에 사람을 보내겠다"고 공언하며 교육 및 기타 분야에서 새로운 도약을 이루려 노력했다. 아이들은 자연자원과 마찬가지로 개발해내서 국가의 발전을 위해 사용할 수 있는 존재로 간주되었다. 잠재력 있는 학생을 찾아내서 그들의 재능을 다듬어 포장한 다음, 가장 높은 값을 부르는 입찰자, 즉 가장 유명한 회사에 그 재능을 파는 일이 국가적인 차원에서 진행되었다.

1960년대에 우주 경쟁에서 미국이 확실한 선두주자로 자리매김 하게 되자 영재 교육에 대한 대중의 관심도 다시 줄어

들었다. 그리고 영재 학생들을 징발해서 국가의 이익을 위해 봉사하도록 하는 것보다는 모든 학생이 각자의 잠재력을 계발하고 성장할 수 있게 하는 것이 더 중요하다는 쪽으로 사회의 분위기가 바뀌기 시작했다. IQ검사로 영재 학생을 가려내는 것은 그 검사 자체에 내재된 편파성으로 인해 엘리트주의를 조장한다고 생각하는 사람도 많아졌다. 사회저항운동의 시대에는, 비민주적인 '특별대우'를 없애야 한다는 주장이 곳곳에서 나왔다.

말랜드 보고서

1970년대에 일단의 학부모들이 특별 수업이 필요한 아동들의 권리를 주장하며 주정부와 연방정부에 로비를 벌였고, 공립학교에서 이 아이들에게 적절한 교육을 제공하도록 만들기 위해 소송을 제기했다. 영재 교육에 대한 관심은 이 일을 계기로 다시금 높아졌다. '맞춤 교육'이 새로운 캐치프레이즈가 되었다.

그 결과, 특별 수업이 필요한 '예외적인' 학생들을 위한 법이 제정되었다. 초기 입안 과정에서는 특별수업대상 학생에 영재 학생도 포함되어 있었으나 나중에 그 부분이 삭제되었다. 그러나 의회의 지시로 교육부 장관에 의해 영재 학생을 위한 프로그램의 현황 조사가 이루어졌다. 교육자들은 이 자료를 토대로 기존 연방 프로그램을 어떻게 개선해야 할지, 부족한 부분의 보완을 위해 어떤 프로그램을 새로 도입해야 할지 진단을 내렸다.

교육부 장관의 이름을 따서 말랜드 보고서로 불리는 이 보고서는 영재 아동에 대한 관심뿐만 아니라 심신장애를 가진 학생의 조기교육과 치료에 대한 관심도 불러일으켰다.

다음은 미국 교육부에서 1972년에 발표한 말랜드 보고서에 나온 몇 가지 사실이다.

- 미국의 아동 중 약 150만~250만 명이 영재일 것으로 추산되었다.
- 이 아이들 가운데 4퍼센트만이 특별 프로그램의 혜택을 받고 있었다.
- 미국의 50개 주(州) 중 10개 주가 특별 프로그램에 자금을 지원하고 있었다.
- 주 내의 모든 영재 학생을 지원하고 있는 주는 하나도 없었다. 특별 프로그램이 있는 주에서도 기껏해야 절반의 영재 학생만이 혜택을 받고 있었다.
- 영재 담당 교사들의 연수를 위한 대학원 강좌가 있는 대학교는 전국에서 12곳에 불과했다.
- 설문에 응답한 학교 행정가 중 절반 이상이 자기 학구에는 영재

1970년대에 나온 말랜드 보고서는 영재 아동에 대한 관심뿐만 아니라 심신장애를 가진 학생의 조기교육과 치료에 대한 관심도 불러일으켰다.

말랜드 보고서에 따르면, 학교에 적응하지 못하는 영재 아동의 대다수는 유치원 때부터 4학년 때 사이에 문제가 발생하는데, 그로 인해 영재 아동의 절반가량이 열 살 즈음에는 '정신적인 중퇴자'가 된다는 것이다.

학생이 없다고 보고했다.

• 거의 대부분의 영재 프로그램은 고등학교 교과 수준에서 이루어지고 있었다.

• 다른 어떤 학교 관계자들보다도 상담 교사들이 더 영재 학생들에 대해 비우호적이었다.

• 집단 IQ 검사와 교사의 판정으로는 전체 영재의 절반밖에 가려내지 못했다.

• 영재 프로그램을 위한 연방정부의 자금을 사용하는 주는 전체 주의 15퍼센트도 채 되지 않았다.

• 일반적으로, 영재 학생 가운데 절반이 취학 전에 스스로 글을 깨쳤다.

• 한 주(州)에서 행해진 대규모 설문조사 결과, 약 3.4퍼센트의 중퇴생이 IQ 120 이상으로 밝혀졌다. 영재 여학생의 중퇴율이 영재 남학생보다 두 배 높았다.

말랜드 보고서가 폭로한 염려스러운 사실이 한 가지 더 있다. 학교에 적응하지 못하는 영재 아동의 대다수는 유치원 때부터 4학년 때 사이에 문제가 발생하는데, 그로 인해 영재 아동의 절반가량이 열 살 즈음에는 '정신적인 중퇴자'가 된다는 것이다.

말랜드 보고서의 영향으로 의회는 1974년에 교육부 내에 영재 담당 부처를 신설하고 영재 교육의 연구와 개발 사업에

256만 달러의 자금을 지원했다. 그리고 주(州) 기관 및 지방 기관들에도 소규모 보조금을 지원했다. 말랜드 보고서에서 추산한 영재 학생 수가 정확하다면 학생 한 명당 약 1달러에 해당하는 액수였다. 하지만 정부에서 영재 관련 사업에 지원하던 보조금이 1981년에 다른 19개 사업의 보조금과 하나로 묶여진 정액 보조금 형태로 주정부에 지급되어 주에서 그 용도를 선택할 수 있게 되었고, 그 결과 앞서의 작은 노력마저 빛이 바래게 되었다.

그에 대한 대응으로, 1980년대에는 전국영재아동연합(National Association for Gifted Children)과 같은 시민단체들에 의해 영재교육 활성화를 위한 풀뿌리 운동이 전개되었다. 1985년에 리처드슨 재단(Richardson Foundation)이 학교들을 상대로 영재 프로그램 운영 실태를 조사했는데, 그 결과가 이 운동에 힘을 실어주었다. 조사에 응한 학교들은 자기 학교에서 영재 학생들을 위한 다양한 학습 기회를 제공하고 있다고 응답했으나, 실제로 내실 있는 프로그램을 운영하는 학교는 거의 없었다. 이 조사 결과에 의하면, 영재 교육은 많은 부분에서 파행적으로 이루어지고 있었다.

예를 들어, 어떤 학년에서는 영재반 수업을 들을 수 있지만 다음 학년에는 영재반 수업이 없는 경우들이 있었다. 또한, 교사들이 학생에게 필요한 것을 가르치기보다는 자신이 흥미 있는 것을 가르치는 경우도 흔했다. 영재 교육은, 필수적인 것이라기보다는 심화학습을 위한 선택반 정도로, 다시 말해 있으면 더 좋지만 없어도 되는 것 정도로 여겨지고 있었다.

영재 교육 활성화를 위한 노력은 1988년에 제이콥 제이비츠 영재학생교육법(Jacob Javits Gifted and Talented Students Education Act)이 국회에서 통과되며 그 결실을 맺었다. 이로써 처음으로 의회가 뛰어난 학생들에 대한 특별 교육의 필요성을 공식적으로 인정하고 교육부에 담당 부처를 신설할 것을 명령하게 되었다. 이 입법조치의 배경에는 현행 교육제도가 영재 학생들에게 미치는 영향을 파악해야 할 필요가 있다는 생각이 깔려 있었다.

1990년에 제이비츠 법에 따라 미 교육부는 코네티컷 대학교를 중심으로 새로 설립된 전국 영재 교육 연구소(National Research Center on the Gifted and Talented)에 750만 달러를 지원했다. 이 연구소에서는 영재 학생의 판별과 교육을 위한 새로운 방법을 개발하고, 학부모, 교육자, 정치가들에게 정보를 배포한다.

제이비츠 법으로 얻어진 또 하나의 성과는 「국가 수월성: 미국의 인재 육성을 위한 보고서(National Excellence: A Case for Developing America's Talent)」라는 연방정부의 보고서이다. 1993년 교육부에서 발간한 이 보고서는 20년 만에 처음으로 주 차원이 아닌 국가적 차원에서 나온 것으로서 큰 관심을 모았다. 이 보고서에는 영재 교육의 필요성과 영재 프로그램의 암담한 실태가 명쾌하게 기술되어 있었다. 그리고 세계 경제에서 경쟁하기 위해서는 3백만에 달하는 영재 아동들의 잠재력을 충분히 계발해야 한다며 영재 교육의 국가적 필요성을 부각시켰다. 이 보고서가 밝힌 미국 영재 교육의 문제점은, 예를 들면 다음과 같은 것들이다.

• 다른 산업화된 나라의 최상위권 학생에 비해 미국 학생들은 국제 경시대회 성적이 낮고, 수업 난이도가 낮고, 어려운 책을 덜 읽고, 숙제를 덜 하고, 준비가 덜 된 상태로 직업을 갖거나 대학에 들어간다.

• 전국 학업 성취도 평가에서 최고 수준의 성적을 내는 학생이 생각보다 적다. 이 시험은 미국 학생들의 학업 성취도를 보여주는 몇 안 되는 지표 중 하나다.

미국 사회가 무의식중에 학생들에게 자주 보내는 메시지가 바로 뛰어난 학생이 아니라 뒤처지지 않는 학생이 되라는 것이다. 이 보고서는 ETS(Educational Testing Service : 미국의 사설 시험출제 기관. 우리나라에서는 TOEFL 출제 기관으로 많이 알려져 있다 - 옮긴이)의 대표인 그레고리 안리그(Gregory Anrig)의 말을 인용하며 학생들이 상충되는 메시지들을 받고 있다고 설명했다. "흔히 미국인들은 가장 똑똑한 학생들에게 샌님, 공부벌레 등의 이름을 붙이며 그들을 조롱하고 경멸한다. 우리는 똑똑한 사람들에 대해 상충되는 감정들을 가지고 있다. 그래서 아이들로 하여금 똑똑한 학생이 되는 게 좋은지 안 되는 게 좋은지 헷갈리게 만든다. 미국 문화는 머리보다는 외모나 체력에 가치를 두는 듯하다."

공부 잘 하는 아이를 경원시하는 또래의 압력에는 맞서기가 특히 힘들다. 그 또래 집단이 비주류적 가치관을 가진 청소년으로 구성된 경우에는 더욱 그렇다. 이런 경우, 학교에서 공부를 잘 하는 것은 주류문화의 가치를 따르는 것으로 간주되고, 따라서 공부 잘 하는 학생은 사회의 주류에 끼기 위해 자신이 속한 집단의 가치를 버린 배신자 취급을 받기도 한다.

「국가수월성」보고서에서는 영재 교육의 개선을 위해 다음과 같은 방안들을 제시하였다.

- 학생들에게 도전 의욕을 줄 수 있는 새로운 교과과정을 만든다.
- 영재 학생들에게 수준 높은 학습 기회를 제공한다.
- 조기교육이 필요한 아이들에게 조기교육을 제공한다.
- 소수민족 출신 등의 불리한 조건을 가진 아이들에게 지금보다 더 많은 기회를 준다.
- 적절한 교사 연수와 기술적 원조를 장려한다.
- 학생들의 학업성취 수준을 국제적 수준으로 높이는 데 힘쓴다.

이 보고서의 영향으로 각 주의 영재교육제도에서 많은 개선이 이루어졌다. 학교에서는 학생의 능력에 맞도록 교과 압축을 강조하게 되었고, 영재의 의미가 확대되었다. 소수민족이나 사회경제적으로 가난한 가정 등 비주류 가정 출신의 영재 아동을 더 잘 판별하게 되었으며, 내실 있는 영재교육 프로그램의 필요성과 전문가 양성이 강조되기 시작했다.

학습기준

　최근 교육 개혁 움직임의 중점이 되고 있는 것이 바로 학습기준(standards : 각 주에서 각 학년별로 설정한 학습목표 - 옮긴이)과 학교책임(accountability : 학교가 학생의 성적에 대해 책임을 지는 것. 학생들의 성적에 따라 그 학교의 예산 배당이 달라지거나, 교사들의 급료가 달라진다. - 옮긴이)이다. 대학 졸업생들이 업무에 필요한 기술을 갖추고 입사하기를 원하는 기업들은 이런 개혁 움직임의 한 축을 맡고 있다. 학습기준이라는 것은, 학생들이 이러이러한 것을 알고 이러이러한 것을 할 수 있어야 한다는 우리의 생각을 표현한 것이다. 각 주에서는 학생들에게 특정 지식과 기술을 가르칠 수 있도록, 그 주의 학습기준에 맞춘 시험들을 개발해서 학생들을 평가하고 있다. 일부 주에서는 학습기준이 곧 교과과정이 된다. 그로 인해 학습기준은 학생들에게 무엇을 언제 가르칠 것인지를 알려주는 중요한 판단근거가 되었다. 각 학교에 대한 평가 역시 표준화된 시험 성적을 근거로 이루어지는 경우가 많다.

학습기준이라는 것이 이론적으로는 훌륭한 것이 사실이나, 실제에서는 많은 문제가 발생할 수 있다. 교사와 학교가 학생들의 시험 성적에 따라 보상 또는 처벌을 받기 때문에 표준화된 시험에 나오는 것만 가르치는 경우가 생긴다. 이런 경우, 학습기준을 따라잡으려 노력하는 학생에게는 도움이 되지만, 이미 알고 있는 것을 또 배워야 하는 다른 학생들, 특히 영재 학생들은 방치되는 셈이다. 어떤 경우에는, 학생들의 사고력 향상을 위한 수업은 거의 없이 학습기준을 소화하기 위한 수업만 이루어진다. 이런 이유로 영재 학생들은 학교시험을 무의미한 것으로 여기며 무시하기도 한다.

능력별 학급의 폐지

많은 학교들이 1990년대에 능력별 학급을 폐지했다. 그것은 학년이 바뀌어도 열반 학생이라는 꼬리표가 남아서 학생의 실제 능력과 흥미보다는 교사의 기대 수준에 의해 다시 열반에 배정될 수 있다는 우려 때문이었다. 경직된 능력별 학급 제도 아래서는 열반 학생들이 스스로에 대해 낮은 기대 수준을 가지게 되고, 교사 역시 마찬가지로 그 학생들에 대해 낮은 기대 수준을 가져, 결과적으로 그 학생들이 낮은 수준의 교육을 받게 된다는 것이 많은 이들의 주장이었다.

그에 대한 대안으로 나온 것이 '원사이즈'식 교육이지만, 여기에도 여러 가지 문제가 있다. 학습능력이 천차만별인 학생들이 모여 있는 교실에서 동시에 같은 것을 가르치기는 몹시 어렵다. 어떤 학생들은 교사의 의도대로 수업 내용을 따라가지만, 어떤 학생들은 이미 수업 내용을 다 알기 때문에 딴생각을 하거나 다른 학생들의 주의를 분산시키고, 또 어떤 학생들은 기초 부족으로 그 수업을 따라가지 못한다.

공평한 교육이라는 것이 모든 학생들이 같은 날 같은 페이지를 배워야 함을 의미하는 것은 아니다. 이런 생각을 공유하는 사람들에 의해 영재 학생들에게 차별화된 교육을 제공하자는 움직임이 싹트기 시작했다.(제5장에 교과과정 차별화에 대한 더 자세한 이야기가 나와 있다.)

학습차별화는 경직된 능력별 학급 편성과는 다른 것으로, 학생들의 학습 능력, 흥미, 학습 스타일에 기초해 유연하게 반을 편성함으로써 다양한 학생들의 다양한 요구를 충족시키려는 것이다.

전국영재아동연합에서 개발한 영재 프로그램 지침은 수준 높은 교내 프로그램의 개발 및 평가를 위한 청사진을 제공한다.

영재 학생들의 요구가 저절로 충족되기를 바라며 손 놓고 있을 수는 없다. 우리 모두가 적극적으로 나서서 정부에서 영재 교육을 위해 더 강력한 조치를 취하고 더 많은 예산을 할당하게 만들어야 한다. 그럼으로써 다음과 같은 일들이 이루어지게 해야 한다.

- 전문 교사의 양성
- 특별 교과과정이 필요한 학생의 판별
- 영재에게 맞는 교과과정과 평가 방식의 개발
- 프로그램의 효과에 대한 평가

제2장

영재 판별하기

지적 능력에는 한계가 없다. 무지에도 한계가 없지만…. - 작
자 미상

영재라는 말의 의미는 무엇인가?
우리 아이가 영재인지 어떻게 알 수 있는가?
우리 아이가 다니는 학교에서는 영재를 어떻게 판별하는가?
왜 영재 아동 중 일부는 영재로 판별되지 못하고 간과되어 버리는가?

영재를 판별하기가 그리도 어려운 이유 중 하나는 사람들이
'영재'라는 단어의 의미를 저마다 다르게 생각하기 때문이
다. 과거와 현재의 전문가들이 영재를 어떻게 정의했는지 한
번 살펴보도록 하자.

• 영재 교육의 아버지로 불리는 연구자 루이스 터먼은 영재를 이렇게 정의했다. "스탠포드-비네 지능 검사 또는 그와 유사한 검사에서 전반적인 지적 능력이 상위 1%에 속하는 것으로 측정된 사람."

• 시카고 대학교의 교수였던 폴 위티는 창조적인 표현의 잠재력이 큰 학생들을 가려낼 수 있도록 영재라는 말의 정의를 확장해야 한다고 보았다. "미술이나 글쓰기 또는 리더십 등에서 아이가 보여주는 뛰어난 모습을 통해서 그 아이가 가진 탁월한 잠재능력을 알아내는 경우가 있다. 그래서 우리는 영재라는 말의 정의를 확장할 것, 그리고 현재의 활동에서 잠재성이 보이는 영재 아동 한 명 한 명을 계속 주목할 만한 존재로 간주할 것을 권장해 왔다."

• 「인간 지능의 속성(The Nature of Human Intelligence)」의 저자이자 이론가인 길포드(J.P. Guilford)는 1950년에 미국심리학회 연차대회에서 한 기조연설을 통해 창의성의 판별과 육성에 관한 새 장을 열었다. 그는 지능의 수준보다는 그 속성에 초점을 맞추었다. 그의 이론에 의하면 지능에는 내용(5가지 요소로 구성됨), 조작(5가지 요소로 구성됨), 산출(6개의 요소로 구성됨)이라는 세 차원이 있고, 각 차원의 요소들이 조합되어 150가지 능력으로 표현된다고 한다. 그는

다른 사람들에 비해 전반적으로 능력의 가짓수가 많은 사람, 혹은 특정 영역에 대한 능력의 가짓수가 많은 사람을 영재라고 보았다.

• 미국 국립영재교육연구소의 소장인 조셉 렌줄리(Joseph Renzulli)는 영재성을 "평균 이상의 전반적 능력, 높은 과제 집착력, 높은 창의성이라는 세 가지 기본적인 인간 특성간의 상호작용"이라고 정의했다. 그는 IQ 점수로 영재성을 판별하는 관행에 대해 비판적이다.

• 말랜드 보고서에서는 이렇게 말한다. "영재 아동이란, 우수한 능력이 있어서 뛰어난 수행을 할 수 있을 것으로 전문가에 의해 판별된 아동을 말한다. 이들을 자신과 사회에 기여하도록 이끌기 위해서는 일반 학교에서 보통 제공되는 프로그램과 다른, 차별화된 교육 프로그램과 서비스가 필요하다."

• 하버드 대학교 교수 하워드 가드너(Howard Gardner)는 다중지능이론의 창시자로서 다음과 같은 여덟 가지 유형의 지능을 제안했다.

1. 언어 지능 : 기본적으로 언어로 사고한다. 읽기와 쓰기를 좋아한다. 사물을 언어로 표현할 때 또는 단어를 듣고 볼 때 가장 학습이 잘 된다.

미국 국립영재교육연구소의 소장인 조셉 렌줄리는 영재성을 "평균 이상의 전반적 능력, 높은 과제 집착력, 높은 창의성이라는 세 가지 기본적인 인간 특성간의 상호작용"이라고 정의했다.

2. 음악 지능 : 음악에 맞춰 흥얼거리거나 따라 부르기를 좋아
한다. 악기를 연주하거나 멜로디를 잘 기억한다.

3. 논리—수학 지능 : 개념적으로 사고한다. 주먹구구식으로 문
제를 파악하지 않고 체계적이고 과학적인 방법을 동원한다. 논
리적인 수수께끼, 전략 게임, 컴퓨터를 좋아한다.

4. 공간 지능 : 이미지로 사고한다. 그림 그리기와 물건 설계하
기를 좋아한다. 레고나 집짓기 같이 구조물을 만드는 장난감을
좋아한다. 기계에 흥미가 많다.

5. 신체—운동 지능 : 운동이나 춤에 소질이 있다. 섬세한 운동
기술이 필요한 일, 예를 들어 타자, 바느질, 조각 등을 잘 한다.

6. 대인간 지능 : 타인을 잘 이해한다. 리더십이 있다. 사람들
사이의 갈등을 잘 중재한다.

7. 개인 내적 지능 : 자신의 감정, 꿈, 생각을 잘 인식하고 있다.
자율적으로 공부한다. 관습보다 자기 기준에 따라 행동한다.

8. 자연친화 지능 : 동식물을 포함한 주변 환경에 민감하다. 환
경 속에서 작동되고 있는 원리들을 잘 파악한다.

• 콜럼버스 집단〔임상 심리학자인 린다 실버만(Linda Silverman)이
이끄는 심리학자, 교육자, 학부모 집단〕은 영재 아동의 발달이
일반 아동과 다르다는 점에 주목했다. 이들은 "영재성이란
정서, 사회성, 신체 발달에 비해 인지적 능력이 앞서 발달하는,
비동시적 발달이다. 그로 인해 영재 아동의 내적 경험과 의식은

보통 아동들과 질적으로 다르다. 이런 비동시성, 즉 발달의 불균형은 지적 능력이 높을수록 더 커진다. 이런 특수성 때문에 영재 아동은 여러 가지 면에서 더 취약하므로 이들이 최적의 발달을 하기 위해서는 다른 방식의 양육, 교육, 상담 및 지도가 필요하다"고 주장한다.

• 퀘벡 대학교의 연구원 프랑수와 가니에(Francoys Gagne)가 정의한 바에 따르면 영재성이란 한 개 이상의 영역에서 선천적으로 뛰어난 잠재능력이 있는 것이다. 가니에는 영재성과 달리 재능, 즉 뛰어난 수행 능력은 체계적인 훈련과 연습을 통해 계발된다고 보았다. 그러므로 영재성은 있지만 학업 성취도가 낮은 탓에 학업에 재능이 없는 것으로 분류되는 아동도 있을 수 있다는 것이 그의 주장이다.

• 미국 교육부에서 1993년에 발간한 「국가 수월성 : 미국의 인재 육성을 위한 보고서(National Excellence: A Case for Developing America's Talent)」에서는 영재를 이렇게 정의했다. "영재란 나이, 경험, 환경이 비슷한 다른 아이들에 비해서 뛰어난 능력을 가지고 있어서 눈에 띄게 높은 성취를 이룰 잠재력이 보이는 아동이나 청소년을 말한다. 이런 아동과 청소년은 지적 능력, 창의성 또는 예술성, 리더십, 특정한 학업 영역에서 뛰어난 수행 능력을 보인다. 이들에게는 통상적인 학교 교육

가니에가 정의한 바에 따르면, 영재성이란 한 개 이상의 영역에서 선천적으로 뛰어난 잠재능력이 있는 것이다. 그는 영재성과 달리 재능은 체계적인 훈련과 연습을 통해 계발된다고 보았다. 그러므로 영재성은 있지만 학업 성취도가 낮은 탓에 학업에 재능이 없는 것으로 분류되는 아동도 있을 수 있다.

이상의 교육 서비스나 활동이 필요하다. 뛰어난 능력을 가진 아동과 청소년은 모든 사회문화 계층에 존재하고 이들의 재능은 모든 인간 활동 영역에서 발견된다."

• 작가이자 연구자인 스테파니 톨란(Stephanie Tolan)은 비동시적 발달이라는 말로 영재성을 정의했다. 그녀는 영재성이란 눈에 보이지 않는 정신의 내면적 상황, 즉 평균을 벗어나는 정신적 처리 과정임을 강조했다. 반면, 성취라는 것은 그 정신적 처리 과정이 밖으로 표현된 결과일 뿐이다. 그러므로 성취는 학생의 상황에 따라 그때그때 달라질 수 있지만 영재성은 그렇지 않다.

• 예일 대학교의 교수인 로버트 스턴버그(Robert Sternberg)는 영재성이 다음과 같은 다섯 가지 요소로 구성된다고 주장했다.

1. 우수성 : 영재들은 또래에 비해 하나 이상의 영역에서 우수하다.

2. 희귀성 : 영재들은 그 또래에서 보기 드물게 높은 수준의 능력을 가진다.

3. 생산성 : 영재들은 단순히 어떤 능력이 우월할 뿐만 아니라 그 능력을 이용해 활발히 뭔가를 만들어낸다.

4. 증명가능성 : 어떤 영역에 영재성이 있다고 말하려면 한 가

지 이상의 타당도 있는 평가를 통해 그 영역에 영재성이 있음이 증명되어야 한다.

5. 가치 : 영재성이 증명된 영역에서의 우수한 수행이 사회에서 가치 있게 여겨야 한다.

학교에서는 영재를 어떻게 판별하는가

영재아를 한 명도 빠트리지 않고 모두 판별해내기는 거의 불가능할 정도로 어렵다. 특히, 학교의 예산과 담당인력이 제한되어 있는 경우에는 더욱 그러하다. 학교에서는 학생의 학업준비도, 관심 분야, 학습 스타일을 기초로 특수한 교육 프로그램이 필요한 학생들을 판별하고자 한다. 대부분의 학교에서는 특별 프로그램에 학생이 임의로 배정되는 일을 방지하기 위해 별도의 선별 절차를 마련해 놓고 있다.

미국의 전국영재교육연합에 의하면, 영재 프로그램에 들어갈 학생을 판별하기 위한 절차는 다음과 같은 중요한 사항들을 충족시켜야 한다.

• 영재 프로그램에 들어갈 자격을 결정하기 위해 포괄적이고 다각적인 노력을 기울여야 한다.

• 다양한 능력, 재능, 강점 및 배려가 필요한 부분을 측정할 수 있

는 평가 도구들을 사용해야 한다.

- 각 학생의 강점 및 배려가 필요한 부분을 분석한 자료를 프로그램 계획에 반영해야 한다.

- 최근 이론과 연구에 근거한 판별 절차와 도구를 사용해야 한다.

- 학부모 동의, 프로그램 참가 자격, 재평가, 프로그램 탈퇴, 자격 재심사 등을 위한 절차가 명문화되어야 한다.

대부분의 학교에서는 한 가지 이상의 방법을 사용해서 영재 프로그램에 들어갈 학생을 판별한다. 판별 작업의 목적은 잠재력 있는 학생을 가능한 한 빠트리지 않고 모두 가려내는 것이다. 판별 방법에는 여러 가지가 있지만(자기지명, 부모의 추천, 교사의 평가, 포트폴리오, 성적 등), 대부분의 학교에서는 IQ 검사, 성취도 검사, 교사 지명을 사용한다. 한 가지 방법을 사용하는 학교도 있고 몇 가지 방법을 조합해서 쓰는 학교도 있지만, 기본적으로 시간과 비용 면에서 효과적인 방법을 추구한다는 점에서는 차이가 없다. 학습과 뇌에 대한 지식이 늘어난 덕에 요즘에는 한 가지 검사 점수만 보고 판별하는 학교는 감소하는 추세다. 아동에 대한 정보가 많을수록 학교에서 그 아동에게 더 알맞은 프로그램을 계획할 수 있다.

그래서 일부 학교에서는 전체 학생을 대상으로 검사를 실시한다. 그리고 여기서 높은 점수를 얻은 학생들, 즉 영재일 가능성이 있는 학생들을 추려낸 다음 그들을 대상으로 일련의 검사와 자료 수집 및 검토를 실시해 영재 프로그램에 적합한지를 평가한다. 매트릭스를 사용해 학생 개개인의 종합 점수를 산출하는 학교도 많다. 이 방법은 다양한 평가 도구를 통해 나온 점수에다 미리 정해 놓은 가중치를 적용해서 합산하는 것이다. 이렇게 해서 나온 학생 개개인의 종합 점수에 따라 영재 프로그램에 들어갈 학생을 선택한다. 상위 몇 퍼센트까지 포함시킬 것인지는 주에서 정한 기준이나 학구의 기준에 맞춰 결정한다.

매트릭스의 단점은, 학생 자체를 살펴보지 않고 점수만을 보기 때문에, 특별한 학습이 필요한 학생임에도 불구하고 영재 프로그램에서 제외되는 학생이 생길 수도 있다는 것이다. 이 방법은 엄격한 커트라인에 의해 학생을 선발하는 것이기 때문에 한 학생이 일 년 동안 영재 프로그램에 들어가 있다가 다음 학년에는 밀려나는 경우도 있을 수 있다. 이 방법의 또 다른 단점은, 특정 영역에서는 뛰어나지만 다양한 평가 점수들을 합산하면 보통 수준의 총점이 되는 학생은 프로그램에서 제외될 가능성이 있다는 것이다.

누구를 영재로 판별할지는 영재를 어떻게 정의하는가에 따라 달라진다. 예를 들어, 어떤 학교에서 영재란 IQ 130 이상인 학생을 말하는 것이라 생각한다면 이 학교에서는 IQ 검사로 학생들을 판별한 다음 점수가 130 이상인 학생들에게 영재 교육 서비스를 제공할 것이다. 반면, 입증된 수행 능력을 누구를 영재로 판별할지는 영재를 어떻게 정의하는가에 따라 달라진다. 대부분의 학교에서는 자신들이 보유한 프로그램에 적합한 영재 학생을 선발한다. 하지만, 원칙적으로 학교는 학생에게 맞추어 프로그램을 개발하는 것이 옳다.

중요시하는 학교가 있다면 이 학교에서는 학생의 미술 작품, 수학 실력이나 리더십을 증명하는 자료 등을 주로 살펴볼 것이다. 어떤 경우가 되었든 간에 가장 중요한 것은, 영재 판별 절차가 그 학교의 영재 프로그램의 목표 및 내용과 동떨어지지 않아야 한다는 점이다.

학교에서 운영하는 프로그램에 맞추어 학생을 선별하는 것이 옳을까, 아니면 학생의 가능성과 능력을 보고 선별한 후 프로그램을 학생에게 맞추는 것이 옳을까? 대부분의 학교에서는 자신들이 보유한 프로그램에 적합한 영재 학생을 선발한다. 비용 면에서 효율적이기 때문이다. 하지만, 원칙적으로 학교는 학생의 잠재력을 계발하는 교육을 해야 할 의무가 있기 때문에 학생에게 맞추어 프로그램을 개발하는 것이 옳다.

여하튼, 영재 프로그램에 들어갈 학생을 판별하는 절차는 공식적으로 이루어져야 하고, 학부모는 자녀의 학교에서 어떤 절차를 사용하는지 알고 있어야 한다. 학교의 영재 프로그램 담당자는 그 절차에 대해 잘 알고 있어야 하며, 학부모에게 잘 설명해 줄 수 있어야 한다. 학교에 그런 담당자가 따로 없다면 교장이나 교무주임 혹은 특별 프로그램의 행정 책임자가 학부모에게 도움을 줄 수 있어야 한다.

일부 학교에는 판별 과정에서 탈락한 학생을 위한 재심사 절차가 있다. 또 어떤 학교에서는 추가 검사나 수행 능력 증빙 자료, 그 외 추가 증빙 자료를 요구하는데, 학부모가 비용을 부담해서 이런 추가 자료를 제출해야 하는 경우도 있다.

명확한 판별 및 선발 절차와 더불어 영재 프로그램의 탈퇴 절차 또한 명문화되어 있어야 한다. 프로그램이 학생에게 적합하지 않아 그 학생이 탈퇴해야 하는 경우에 학부모가 탈퇴의 이유와 절차를 이해하고 있어야 하기 때문이다.

표준화된 검사

표준화된 검사라는 것은, 검사의 실시 · 채점 절차가 일정하게 정해져 있고, 원점수에 대응하는 표준화 점수가 있어서 한 사람의 점수가 전체에서 어디에 위치하는가를 정확하게 알 수 있는 검사를 말한다. 또한, 표준화된 검사는 타당도(측정하고자 하는 것을 실제로 측정하는가)와 신뢰도(한 사람이 그 검사를 여러 번 받을 때 평가자가 바뀌고 검사 문항이 달라도 같은 점수가 나오는가)를 인정받아야 한다. 다시 말해서, 표준화된 검사는 한 사람이 받은 점수의 상대적 순위를 보여 주어야 하고, 측정하고자 하는 것을 측정해야 하고, 여러 번 다시 해도 같은 결과가 나와야 한다.

집단 지능 검사

집단 지능 검사(학교에서 다수 학생에게 실시하는 IQ 검사)를

명확한 판별 및 선발 절차와 더불어 영재 프로그램의 탈퇴 절차 또한 명문화되어 있어야 한다. 프로그램이 학생에게 적합하지 않아 그 학생이 탈퇴해야 하는 경우에 학부모가 탈퇴의 이유와 절차를 이해하고 있어야 하기 때문이다.

영재 프로그램에 들어갈 학생을 선별하는 도구로 사용하는 데에는 몇 가지 문제점이 있다.

이런 검사는 추후에 보다 정확한 개인 검사를 통한 판별이 필요한 학생들을 일차적으로 가려내기 위한 수단으로 사용하는 것이 가장 적절하다. 일차 선별을 위해 집단 지능 검사가 흔히 사용되고 있기는 하지만, 제대로 판별해내지 못해서 놓치는 영재가 많다. 특히 읽기 능력에 문제가 있는 아이, 동기 수준 또는 정서에 문제가 있는 아이, 빈곤 가정 또는 비주류 문화 가정 출신 아이, 국어가 서툰 아이는 능력에 비해 낮은 검사 점수를 받기 쉽다. 그리고 아동이 어릴수록 집단 지능 검사의 결과가 부정확한 경향이 있다.

이런 검사는 아동이 가진 수많은 특성 중 IQ만을 보기 때문에 잠재력 있는 아동의 절반밖에 판별해내지 못한다. 또한, 같은 아동을 검사한 것임에도 불구하고 검사마다 IQ 점수가 다르게 나올 수도 있다. 이렇듯 정확도가 낮은 검사 하나에만 의존해서 학생을 선별해서는 안 되지만 많은 학교에서 그렇게 하고 있는 것이 사실이다. 어떤 학구에서는 영재 프로그램에 들어갈 학생을 결정할 때 IQ125를 커트라인으로 삼고, 또 어떤 학구에서는 IQ140을 커트라인으로 삼는다. 어떤 학부모들은 자녀가 커트라인 바로 밑의 점수를 받으면 다시 개인 지능 검사를 받아보게 하기도 한다.

> 영재성 수준을 판단하기 위한 IQ 점수의 공식적인 기준은 정해져 있지 않지만 홀링워스 고도영재아 센터(Hollingworth Center for Highly Gifted Children)에서 제안한 다음의 가이드라인은 참고할 만하다.
>
> - 경도 영재: IQ 115~129
> - 중도 영재: IQ 130~144
> - 고도 영재: IQ 145~159
> - 예외적 영재: IQ 160 이상

개인 지능 검사

개인 지능 검사는 집단검사에 비해 더 정확한 것이 장점이지만 시간과 비용이 많이 든다는 단점이 있다. 일부 학교에서는 신청하는 학생에게 개인 지능 검사를 실시해 주지만, 다른 많은 경우, 개인 검사를 받으려면 학부모가 각자 알아서 해야 한다.

개인 검사가 집단검사에 비해 보다 정확한 것이 사실이다. 하지만 이 검사 역시 영재 프로그램에 들어갈 학생 선발의 유일한 기준이 되어서는 안 된다. 많은 전문가의 말에 따르면 이런 검사는 지능을 측정하는 것이 아니라고 한다. 그보다는 특정 문화에서 요구되는 학업 적성을 측정한다는 것이다. 또한, 지능 검사는 창의성을 거의 측정하지 못하고, 중도 영재와 고도 영재, 예외적 영재를 잘 변별하지 못하는 경우가 많다. 만약 어떤 검사에서 나올 수 있는 점수의 상한선이 낮다면 그 검사는 최고 점수를 받은 학생들 간의 차이를 보여 주지 못할 것이다.

예를 들어, 어떤 검사의 난이도가 고도 영재의 지능이 드러날 만한 수준에 미치지 못한다면 이 검사에서는 고도 영재와 경도 영재가 모두 똑같이 최고 점수를 받을 것이다. 이런 영재 아동들에게 점수 상한선이 높은 검사나 좀 더 나이 많은 학생 대상의 검사를 실시하면 점수 폭이 커지므로 각 아동의 지능을 보다 정확하게 측정할 수 있다. 그래서 일부 연구자들은 좀더 최신의 지능 검사가 있음에도 불구하고 스탠포드 – 비네 지능검사 LM형을 계속 사용한다. 왜냐하면 유일하게 그 검사만이 영재 아동의 하위 집단을 판별해주기 때문인데, 이 하위집단에는 고도 영재와 최고도 영재까지 포함된다.

성취도 검사

성취도 검사는 학생의 잠재력보다는 그 학생이 그때까지 배운 것을 측정하는 검사로 학교에서 보는 학력고사나 모의고사가 바로 성취도 검사이다. 대부분의 학교에서는 정기적으로 성취도 검사를 실시하고 있고 그 결과는 쉽게 이용 가능하도록 자료화되어 있다. 집단 지능 검사의 결과와 마찬가지로, 성취도 검사의 결과를 가지고 영재 프로그램에 참가할 학생을 판별할 때에는 주의가 필요하다. 학생이 가진 특정 영역의 기량이 성취도 검사에 반영될 수도 있지만, 이런 검사는 본질적으로 영재성을 측정하기 위한 것이 아니다. 영재라고 해서 모두가 다 표준화된 성취도 검사에서 좋은 점수를 받지는 않는다.

성취도 검사를 사용할 때 생각해 보아야 할 문제 중 하나는 학년 동등점수에 관한 것이다. 어떤 영재아가 특정 학년 수준의 점수를 받았다고 해서 그 아이가 지금 그 학년에 가서 잘할 것이라는 보장은 없다. 학년 동등점수란 특정 학년 학생들의 평균 점수를 가리킬 뿐이기 때문이다.

어떤 영재아들은 성취도 검사를 중요하지 않게 생각하고 대충 빨리 풀어버리기 때문에 좋은 점수를 받지 못한다. 또 어떤 영재아들은 그 검사에 나온 내용이 처음 보는 것이라서 잘 하지 못한다. 성취도 검사는 일반적으로 점수 상한선이 낮다는 점도 문제다. 영재아들이 똑같이 최고 등급의 점수를 받게 되므로 학부모와 교사의 입장에서는 그 아이가 진짜로 얼마나 많이 알고 어느 정도의 능력이 있는지를 알 수가 없다. 즉, 성취도 검사는 영재 학생들의 진정한 잠재력을 드러내주지 못한다.

성취도 검사는 학생의 잠재력보다는 그 학생이 그때까지 배운 것을 측정하는 검사로, 학교에서 보는 학력고사나 모의고사가 바로 그것이다. 영재라고 해서 모두가 다 표준화된 성취도 검사에서 좋은 점수를 받지는 않는다.

이런 경우, 수준을 높여서 자기보다 한두 학년 위의 아이들과 함께 시험을 보게 하는 것도 좋은 방법이다. 그렇게 하면 각 영재아가 실제로 얼마나 많이 알고 있는지가 좀더 잘 드러나게 된다.

교사의 지명

일부 학교에서는 검사는 생략한 채 교사의 추천만으로 영재 프로그램에 참가할 학생을 선발한다. 또 어떤 학교에서는 검사와 교사 추천 두 가지 방법을 모두 사용한다.

교사가 영재아의 진정한 특성을 알아보는 훈련이 되어 있는 경우에는 믿을만한 의견을 내놓을 수 있다. 그러나 훈련되지 않은 교사의 추천은 종종 부정확할 때가 있다. 일부 교사들은 공부 잘 하고 숙제를 깔끔하게 해서 제때에 내는 등의 '좋은 학생' 만을 골라내는 경향이 있다. 바쁜 교사로서는 매우 창의적인 아이나 어수선한 아이, 의욕이 없는 아이, 확산적 사고를 하는 아이(한 가지 문제에 대해 여러 가지 다양한 대답을 내놓는 아이)를 눈여겨보지 않기 쉽다. 또한, 비주류 가정 출신 아이나 국어가 서툰 아이도 간과되기 쉽다.

교사의 의견은 판별 과정의 일부로 사용되어야지 그것이 유일한 판별 절차가 되어서는 안 된다. 표준화된 검사만을 사용했을 때와 마찬가지로, 교사의 지명만으로는 영재 프로그램에 들어갈 자격이 있는 아동의 절반밖에 판별해내지 못한다. 즉, 영재아의 절반 가까이가 간과되는 것이다. 연구자인 존 제임콥스(Jon Jacobs)의 조사 결과에 의하면 유치원 교사들이 영재아를 정확하게 지명할 확률은 4.3퍼센트에 불과했다. 교사보다는 학부모가 자기 자녀의 영재성을 훨씬 정확하게 판별했다. 교사가 신뢰할만한 수준으로 영재 학생들을 판별해내기 위해서는 먼저 그들의 특성을 이해하는 훈련을 받아야 한다.

한 어머니는 2학년 된 자기 아들이 분명히 영재라는 생각이 들어서 학교에 검사를 요청했다. 교사는 검사는 해 보겠지만 자기가 보기엔 그 아이에게 특별한 점이 없다고 대답했다. "딱 한 가지 별난 점이 있다면 그건 그 아이가 산수 시간에 읽기 책을 본다는 거예요."라는 게 교사의 말이었다. 검사 결과, 그 아이는 정말로 영재인 것으로 밝혀졌다.

부모의 지명

학부모는 자녀의 능력을 예리하게 파악하고 있을 가능성이 높다. 일부 학교에서는 학부모가 그런 유용한 의견을 내놓을 기회를 제공한다.

자가진단 질문지

다음은 학부모가 스스로 자녀의 영재성 여부를 판단해 볼 수 있는 질문지이다.(여기서 나온 결과는 학교에 가서 교사와 상담할 때 자녀가 영재라는 의견을 뒷받침하는 자료로 사용할 수 있다.)

당신의 자녀는 어떤 특별한 재능 또는 기술이 있습니까? 그런 재능이나 기술을 보여주는 행동의 예를 들어보십시오.

____

____

____

____

다음 문항들을 읽고 각 문항이 자녀를 얼마나 잘 표현하는지 표시하십시오. (① 전혀 그렇지 않다 / ② 조금 그렇다 / ③ 꽤 그렇다 / ④ 아주 많이 그렇다)

1. 또래 아이들에 비해 기민하다.   ① ② ③ ④

2. 매우 활발하다. ① ② ③ ④

3. 놀이나 독서 취향이 자기보다 나이 많은 아이들

혹은 어른들과 비슷하다. ① ② ③ ④

4. 한번 일을 시작하면 끝까지 매달린다. ① ② ③ ④

5. 관찰력이 예리하다. ① ② ③ ④

6. 기억력이 비상하다. ① ② ③ ④

7. 문제해결 방식이 다양하다. ① ② ③ ④

8. 남이 놓치고 보지 못하는 문제들을 본다. ① ② ③ ④

9. 평범하지 않은 방식으로 문제를 해결한다. ① ② ③ ④

10. 무슨 일이든 방법과 이유를 알고 싶어한다. ① ② ③ ④

11. 누군가의 흉내를 내며 놀기를 좋아하고

상상력이 풍부하다. ① ② ③ ④

12. 유머감각이 뛰어나다. ① ② ③ ④

13. 질문을 많이 하고 질문 내용도 다양하다. ① ② ③ ④

14. 세부적인 것에 신경 쓰지 않을 때가 있다. ① ② ③ ④

15. 예민하고 동정심이 많다. 소음, 고통, 좌절에

강하게 반응한다. ① ② ③ ④

16. 활동을 계획하고 조직한다. ① ② ③ ④

17. 규칙이 정교한 놀이를 할 때 다른 또래아이들에 비해

움직임과 머리 쓰는 것이 뛰어나다. ① ② ③ ④

18. 발달 단계를 밟아나가는 속도가 빠르다. ① ② ③ ④

19. 혼자 있기를 즐긴다. ① ② ③ ④

20. 이야기를 잘 만들어내고 독특한
    아이디어들을 가지고 있다. ① ② ③ ④

21. 관심 분야가 다양하다. ① ② ③ ④

22. 자기가 원하는 쪽으로 다른 아이들이
    행동하게 만든다. ① ② ③ ④

23. 언어 기술이 매우 발달했다. ① ② ③ ④

24. 자기와 비슷한 흥미를 가진 사람들을
    좋아하고 찾는다. ① ② ③ ④

25. 다른 사람들과 함께 작업할 능력이 있고
    또 기꺼이 그렇게 한다. ① ② ③ ④

26. 자신에 대해 기준을 높게 세운다. ① ② ③ ④

27. 단순한 문제보다 어려운 문제를 선택한다. ① ② ③ ④

28. 책읽기에 푹 빠져 있다. ① ② ③ ④

29. 하고 싶어 하는 일이 많고, 열심히 한다. ① ② ③ ④

30. 자기 아이디어를 남에게 말하길 좋아한다. ① ② ③ ④

창의성 검사

창의성 검사에서는 특정한 사물의 특이한 용도를 가능한
한 많이 나열하게 하는 등의 문제를 통해 아동이 얼마나 창의적으로 문제를 해결하는지를 측정한다. 학생이 내놓은 답들은 사고의 유창성(내놓은 아이디어의 수), 유연성(사고방식을 바꿀 수 있는 능력), 독창성(대답이 얼마나 독특한가), 정교성(대답에 세부적인 요소가 얼마나 포함되어 있는가)에 따라 점수가 매겨진다. 이런 검사는 IQ 검사에서 과소평가되기 쉬운 확산적 사고형 아동을 판별해내는 데 유용하다.

창의적인 영재아들의 특성을 정리해보면 다음과 같다.(이 중 몇 가지에 대해서는 제3장에 더 자세히 설명되어 있다.)

1. 매사에 호기심이 강하고 모든 것에 대해 끊임없이 질문한다.

2. 어떤 문제나 질문에 대해 수많은 아이디어나 해결책을 생각해내고 종종 특이하거나 영리한 방안을 내놓는다.

3. 자신의 의견을 거침없이 표현하고, 다른 사람 의견에 동의할 수 없을 때는 그 상대가 어른이라 하더라도 반대 의견을 내는 데 거리낌이 없다. 한번 확고하게 세운 의견은 쉽사리 포기하지 않는다.

4. 모험심이 강해서 위험을 무릅쓸 때가 있다.

5. 재기발랄하다. 머릿속에서 어떤 아이디어를 바꿨다 보탰다 하며 가지고 놀고, 공상이나 상상("만약 ~하게 되면 어떤 일이 일어날까?")을 많이 한다. 제도나 체제 등을 바꾸고 개선하기를 좋아한다.

6. 유머감각이 날카로워서 남들이 느끼지 못하는 유머를 찾아낸다.

7. 또래에 비해 자신의 욕구를 잘 인식하고 있고, 정서적으로 민감하고, 상식에서 벗어나는 면을 솔직히 드러낸다. 예를 들어, 남자아이의 경우, 자기가 관심을 가지는 대상이 주로 여자들이 관심가지는 것이라 할지라도 자유롭게 관심을 표현하고, 여자아이의 경우에는 또래보다 몹시 독립심이 강할 수 있다.

8. 미적 감각이 예민하고, 사물의 미학적 측면을 잘 알아본다.

9. 관습이나 '보통'이라는 틀에 억지로 맞추지 않는다. 정상에서 벗어난 것, 무질서해 보이는 것도 잘 받아들인다. 남들과 다르다는 것에 개의치 않는다.

10. 건설적인 비판을 잘 하고, 부모나 교사의 생각, 지시를 일단 비판적으로 검토한 후에야 받아들인다.

포트폴리오

아이의 성과물이나 작품을 모아놓은 포트폴리오가 있으면 아이가 어떻게 발전해 왔는지, 어떤 성취잠재력이 있는지를 보여 줄 수 있다. 사진이나 비디오, 오디오테이프를 포함시킬 수도 있는데, 이런 것들을 통해 시각예술이나 공연예술 같이 지필검사로 측정할 수 없는 영역의 능력을 증명할 수 있다. 각각의 자료에는 날짜와 특별히 그것을 고른 이유를 기록해 놓아야 한다. 전문가의 평가를 포함시키면 더 좋다.

잭은 학교 영재 프로그램의 커트라인에 못 미치는 검사 점수를 받았다. 하지만 잭의 어머니는 아들이 또래들보다 훨씬 뛰어나다는 것을 알았기에 학교의 영재 프로그램 담당자와 담임선생님에게 면담을 요청했다.

그녀는 아들이 두 살이었을 때부터 아들의 포트폴리오를 만들었는데 거기에는 잭이 세 살 때 글을 읽기 시작했다는 기록이 들어있었고, 지금까지 읽은 책의 목록도 읽은 날짜까지 덧붙여 기록되어 있었다. 아이가 관심을 보였던 것들도 기록되어 있었고, 아이가 했던 일의 완성된 결과를 찍은 사진, 아이가 그린 그림과 그에 대한 설명, 연령별 책 읽는 모습을 담은 비디오테이프도 포함되어 있었다. 이 모든 것은 잭이 확실히 또래들보다 우수하다는 사실을 보여주었다. 학교에서는 잭의 자격을 다시 심사했고 결국 영재 프로그램에 받아주었다.

우등생

학교 성적만으로 영재아를 판별하는 것은 별로 바람직하지 못하다. 특별히 지능이나 재능이 우수하지는 않지만 노력가형이라서 항상 우수한 성적을 받는 학생도 있기 마련인데, 이런 학생을 영재로 판별하는 오류를 범할 수 있기 때문이다. 또, 어떤 반, 어떤 학교에 속해 있느냐에 따라 같은 학생이 우등생이 될 수도 못 될 수도 있다.

동기

대개 과제집착력은 성취의 원동력이다. 조셉 렌쥴리 박사는 터먼의 영재 연구에 대해 논의하며 다음과 같이 강조했다. "가장 성공한 사람들의 집단과 가장 성공하지 못한 집단은 네 가지 특성에서 큰 차이를 보였다. 그것은 끈기, 목표지향성, 자신감, 열등의식이었다. 전체적으로 보았을 때, 정서적·사회적 적응도와 성취동기 전반에서의 대비가 가장 뚜렷했다." 문제는, 이러한 동기를 측정하는 것이 어렵다는 점이다.

또래 지명

학생들은 대개 자기 반에서 누가 영재인지를 꽤 정확하게 파악하고 있다. 하지만 마치 인기 순위를 정할 때처럼 영재아를 지명하게 해서는 안 된다. 어린 아이들을 상대로 이 방법을 사용할 때에는, 만화를 보여주며 아이들 사이에서 누가 똑똑한 아이, 리더십 있는 아이, 기발한 발상을 하는 아이로 알려져 있는지 간접적으로 물어보는 것도 좋은 방법 중 하나이다. 예를 들어, 각 아동에게 그림을 보여주면서 다음과 같이 물어볼 수 있다. "모펫이 길을 잃으면 누구한테 도와달라고 할 것 같니? 특별한 발명품을 만들어야 할 때는?"

이후의 절차

당신의 자녀가 영재아라고 생각된다면, 그 다음 단계는 당신의 몫이다. 아이의 담임선생님에게 이야기하고, 필요에 따라서는 영재 프로그램 담당자나 교장 선생님을 면담하며 당신이 관찰한 바를 말해야 한다.

당신의 주장을 뒷받침할 수 있도록 아이의 성취와 발전을 꼭 기록해 놓도록 한다. 아이가 한 일의 결과물을 찍은 사진, 작품 샘플, 읽은 책의 목록 등을 담아 포트폴리오를 만들어나가도록 하라. 모든 기록에는 날짜를 꼭 적도록 한다. 어떤 경우에는, 특히 연극, 음악, 무용, 운동 분야에서 영재아의 능력이 한눈에 드러난다. 반면, 다른 분야에서는 영재성을 알아보기가 어렵다.

교사가 아이의 재능을 제일 처음 발견하는 경우도 있기는 하지만, 대개 자기 아이를 가장 잘 아는 사람은 부모다. 사실, 영재성을 알아보는 훈련이 안 된 교사는 똑똑하고 창의적인 아이를 오히려 골칫덩어리로 느낄 수도 있다. 혹시 당신의 아이가 이런 경우라면 학교에 가서 상담교사나 주임교사, 혹은 교감과 이야기할 필요가 있다.(학교에 영재 프로그램 개선을 요구하는 문제에 관해서는 제6장에 몇 가지 조언이 나와 있다.)

대개 자기 아이를 가장 잘 아는 사람은 부모다. 사실, 영재성을 알아보는 훈련이 안 된 교사는 똑똑하고 창의적인 아이를 오히려 골칫덩어리로 느낄 수도 있다.

꼬리표에 대한 문제

일부 학부모와 전문가들은 아이에게 영재라는 꼬리표를 붙이는 것이 과연 좋은가에 대해 의문을 제기한다. 하지만 꼬리표는 이미 존재하고 있고, 그 꼬리표가 기대를 만들어내는 것이 사실이다. 아이들은 이미 반에서 누가 아는 것이 많은지, 누가 빨리 쉽게 배우는지를 매우 정확하게 파악하고 있다. 어떤 아이가 다른 아이보다 더 똑똑하다는 사실을 우리 어른들이 인정하지 않는다 할지라도 아이들은 인정할 것이다.

능력별 학급편성과 영재 특별 프로그램은 요즘 교육계의 관심사인 협동학습과 통합교육과 잘 맞지 않는다. 능력별 학급편성에 대해 많은 논란이 있는데 거기에는 몇 가지 그럴만한 이유가 있다. 많은 교육자들은 한번 붙은 꼬리표(심지어 그 꼬리표가 부정확할 때도 있다) 때문에 영원히 그 꼬리표에서 벗어나지 못하는 아이들에 대해 심각한 우려를 가지고 있다. 물론 판별의 목적은 꼬리표를 붙이는 것이 아니라 특별한 학습이 필요한 학생을 가려내는 것이다. 하지만 일단 학교에서 그런 학생들을 판별해내면 학교 측으로서는 이전에는 없었던 문제를 경험하게 된다. 자녀가 영재라는 것을 알게 된 학부모들이 학교에서 자기 자녀를 위해 가능한 모든 것을 다 하고 있는지 물어볼 수도 있다. 따라서 학교 입장에서는 이전보다 더 큰 책임감을 느끼게 된다.

영재아 본인의 입장에서는 자신이 빠른 반이나 우수반에 속해 있다는 것을 안다고 해서 크게 달라지는 것은 없는 듯하다. 단지 자기 자신에 대해 이미 가지고 있던 생각이 강화되는 정도일 뿐이다. 어떤 사람들은 아이의 영재성을 인정하게 되면 아이가 자만해질 거라고 우려하는데 꼭 그렇지만은 않다. 많은 영재아들은 다른 영재아들과 함께 수업을 받을 때 남들과 자신에 대해 더 편안하게 느끼고, 반 아이들도 자기를 더 잘 받아들인다고 말한다.

사실, 자기와 능력이 비슷한 아이들과 함께 지내면 아이가 오히려 겸허해질 수 있다. 영재아가 보통 아이들과 같은 반에서 공부하면 정답을 말하는 유일한 학생, 항상 제일 처음 대답하는 학생이라는 엘리트 의식을 키우기 쉽다. 그러므로 다른 영재아들과 함께 공부하면서 다른 아이들도 자기처럼 빨리, 정확하게 대답하는 것을 보는 것이 아이의 성장을 위한 좋은 경험이 된다.

영재라고 불리는 것에 대한 아이 본인의 생각

- "사람들이 저를 완벽한 사람이라는 고정관념에 끼워 맞추려고 하지만 않는다면 영재라고 불려도 상관없어요."

- "영재라는 꼬리표가 붙은 아이들에 대해 사람들이 가끔 잘못 생각할 때가 있어요. 영재라는 건 다른 아이들보다 더 낫다는 의미가 아니에요. 제가 반 아이들보다 더 빨리, 다르게 배운다는 의미일 뿐이에요."

- "다른 영재 학생들과 함께 있을 때는 그 꼬리표가 불편하게 느껴지지 않아요. 그런 때에는 저도 똑같이 영재로 여겨지고 싶어요. 하지만 사람들한테 제 자신을 영재라고 소개하는 일은 절대 없을 거예요. 사람들한테서 영재라고 불리기보다는 항상 이런 말을 듣고 싶어요. '그래, 걔는 똑똑한 학생이야, 탐구심이 강한 학생이야, 성공할 거야.' 제 생각엔 영재라는 꼬리표에는 긍정적인 어감과 부정적인

> 어감이 모두 들어있는 것 같아요."
>
> • "저는 영재라고 불리는 게 싫어요. 쑥스럽기도 하고, 잘 난 척 하는 것 같아서요."
>
> • "영재라는 단어 말고 다른 단어가 있었으면 좋겠어요. 누가 좀 그런 단어를 생각해냈으면 좋겠어요."

★ 코널은 아이에게 달린 영재라는 꼬리표를 되도록 무시하고, 아이가 원만하고, 친절하고, 남을 돕는 사람이 되도록 격려하라고 충고한다.

영재라는 단어를 신중하게 사용하지 않으면 문제가 생길 수도 있다. 버지니아 대학교 교수인 듀이 코널(Dewey G. Cornell)의 연구 결과에 의하면 부모들이 영재라는 꼬리표를 강조하지 않는 편이 좋다고 한다. 부모가 자녀를 공공연하게 영재라고 부르는 경우, 이 아이는 자기 자신에 대해 덜 긍정적인 이미지를 가지고, 불안, 스트레스, 우울증에 더 취약하고, 또래집단에게서 호감을 덜 받고, 행동 문제가 더 많은 것으로 이 연구에서 나타났다.

코널에 의하면, 이런 문제들은 부모가 영재성이라는 아이의 한 가지 측면에만 너무 초점을 맞추고 지나치게 많은 것을 기대하는 데서 비롯된다. 부모가 이러면 아이는 자기의 가치가 오로지 영재성에 있다고 생각하게 되기 쉽다.

코넬은 꼬리표를 되도록 무시하고 아이가 원만하고, 친절하고, 남을 돕는 사람이 되도록 격려하라고 충고한다. 그의 연구에 따르면, 부모가 그렇게 한 아이들이 다른 아이들보다 문제가 적었다.

영재라는 꼬리표에 대한 부모의 생각

• "영재라는 꼬리표가 아이나 부모를 위해서 좋은 것인지 잘 모르겠어요. 제가 보기엔, 그런 꼬리표는 자만심이나 엘리트의식을 부추기고, 영재성을 증명하기 위해 남보다 뛰어나야 된다는 압박감을 주는 것 같아요."

• "영재 프로그램에 참가하는 자녀가 없는 부모들이 영재라는 꼬리표를 잘 받아들이지 못해요. 저는 안 그래요."

• "저희 아이는 자기 자신에 대해 아주 엄격한 앤데 자기가 영재라는 생각을 하면 스스로에 대해 좀 더 만족스러운 기분이 드나 봐요. 그렇지만 영재라는 꼬리표 때문에 가끔 난처할 때도 있긴 해요."

• "제 생각에는 영재라는 표현 때문에 반 아이들의 시선이 곱지 않은 것 같아요. 더 나은 표현이 있어야 돼요."

학교에서 알아보지 못하는 영재아들

어떤 영재아들은 교사가 그 재능의 신호를 알아보지 못한 탓에 판별 과정에서 간과되어 버린다. 영재아가 아래의 범주 중 한 가지에 해당되는 경우 이 아이의 능력은 표준화된 검사에서 드러나지 않을 수 있다.

영재성이 항상 명확하게 눈에 보이는 것은 아니다. 학부모는 아이가 학교에서 자기의 능력과 특성에 맞게 공부하고 있는지 주의를 기울일 필요가 있다. 모든 아동에게는 새로운 정보를 배우고 어려운 과제를 해결해내는 방법을 배울 권리가 있다. 충분한 관심을 받지 못한 영재아는 학습부진아나 교실 분위기를 흐리는 존재, 심지어는 낙제생이 될 수도 있다.

「영재로 성장하기(Growing Up Gifted)」의 저자인 바바라 클라크(Barbara Clark)에 의하면, 영재아들에게는 도전의식을 가지게 하고 발달 수준에 맞추어 재능을 계발하는 학습의 기회가 주어져야 한다. 그렇지 않으면 이 아이들은 퇴보한다.

지금까지 아이가 어떤 활동들을 했으며, 또 어떤 목표를 가지고 그 활동을 했는지를 기록해나가도록 하라.(모르겠으면 아이에게 물어 보라.) 아이가 특별한 관심분야가 있어서 거기에 몰두하는가? 아이의 능력을 보고 놀라는가? 이런 정보들을 영재 프로그램 담당자나 담임 교사 또는 교장에게 알려주도록 하라.

에너지가 넘치는 아이

아이가 에너지는 많은데 좌절과 압박감을 잘 견디지 못한다면 문제가 생길 가능성이 있다. 어린 사내아이 중에는 이리저리 돌아다니며 직접 손으로 만져봄으로써 배우는 아이들이 있다. 이런 아이는 가만히 앉아서 선생님이 시키는 과제를 잘 해결하지 못한다. 그래서 이들의 재능을 알아보기 힘들고, 교사가 이들의 능력과 특성에 맞추어 수업을 하기는 더욱 힘들다. 영재아들은 때로 교실에서 주의결핍 과잉활동장애(ADHD)처럼 보이기도 하는데, 이런 아이의 영재성은 학교 밖에서 더 잘 드러날 수 있다.

활동적인 영재아와 주의결핍 과잉활동장애아는 그 특성이 비슷해서 구별이 쉽지 않다. 다음의 질문들을 염두에 두고 자녀를 살펴보면 도움이 될 것이다.

• 하루 중 특정한 시간에만 그런 행동이 나타나는가? 또는 특정한 활동을 할 때만 그런가? 또는 특정한 환경에서만 그런가? 또는 특정 인물과 같이 있을 때만 그런가?   일반적으로 영재아들은 모든 상황에서 문제 행동을 보이지는 않는다. 어떤 교사한테는 주의결핍 과잉활동장애아처럼 보이지만 다른 교사한테는 그렇지 않을 수도 있다. 정규수업 시간에는 행동 문제가 있는 듯이 보이지만 음악이나 보이스카우트, 걸스카우트 활동을 할 때는 그렇지 않을 수도 있다. 반면에 주의결핍 과잉활동장애가 있는 아이들은 대체로 모든 상황에서 문제 행동을 보인다. 하지만 이런 아이도 어떤 특정한 상황에서 다른 때보다 더 자주, 더 심하게 문제 행동을 보일 수 있으므로 주의하기 바란다.

• 흥미를 느끼는 활동을 할 때는 집중할 수 있는가?   영재아들도 수업 시간에 집중하지 않는 일이 가끔 있다. 하지만 이들이 집중하지 못하는 것은 내용이 지루하거나 수업방식이 자기의 학습 스타일에 맞지 않거나 교과과정이 맞지 않기 때문일 때가 많다.

• 학교에서 아이의 문제 행동을 고치기 위해 수업 계획을 조정한 적이 있는가?   영재 학생들은 대개 배우는 내용이나 선생님이 마음에 들고 그 수업에서 도전감을 느끼면 그 과목은

열심히, 잘 한다. 어떤 영재 학생들은 스스로 엄청나게 높은 기준을 세우고는 거기에 맞는 결과를 얻기 위해 고도의 집중력을 발휘한다. 주의결핍 과잉활동장애가 있는 아이는 이런 모습을 보이지 않는다.

• 문제 행동의 원인이 반배치가 부적절하거나 수업이 아이에게 너무 쉽거나 똑똑한 동료 학생이 없다는 데 있는 것은 아닐까? 영재아는 또래아이들보다 더 쉽게, 더 빨리 배우기 때문에 다른 아이들이 수업내용을 소화하길 기다리며 수업시간의 절반 이상을 보내기도 한다. 이런 아이가 문제 행동을 하거

나 집중하지 못하는 것은 수업이 너무 쉽고 느려서 흥미를 잃은 결과일 수도 있다.

• 아이 본인은 문제 행동에 대해 어떻게 생각하는가? 어떤 영재 학생들은 규칙이나 규제를 잘 따르지 못한다. 이들은 이의를 제기하거나 어른들과 힘겨루기를 하려들거나 자신과 맞지 않는 체제에 대해 화를 낼 수도 있다.

• 아이 본인이 스스로 통제 불능이라고 느끼는가? 부모는 아이가 통제 불능이라고 느끼는가? 영재아는 대개 특정한 목적을 가지고, 혹은 간헐적으로 문제 행동을 한다. 그에 비해 주의결핍 과잉활동장애가 있는 아동은 보다 지속적으로 문제 행동을 보인다.

어떤 아이가 영재인지 과잉활동장애(ADHD)인지, 혹은 둘 다인지를 판단하기는 참으로 어려운 일이다. 정확한 판단을 위해서는 아이에 대한 종합적인 평가가 필요하다. 가장 좋은 방법은 아이와 서로 어느 정도 친근감이 형성된 전문가 한 명이 여러 가지 평가(지능, 성취도, 성격 검사 등)를 실시하고 부모와 교사의 평가 결과와 관찰 자료를 살펴보는 것이다. 일부 검사는 아이의 학습장애 유무를 알려준다. 성격검사에서는 문제 행동의 원인이 된 정서 문제(예를 들어, 우울증이나 불안)

가 드러날 수도 있다. 평가가 끝난 다음에는 그 결과에 맞추어 교과과정 및 지도방식을 바꿔야 한다. 그 과정에서 아이의 특성, 즉 다른 아이들보다 앞서 알고 있거나 학습 스타일이 다른 것을 포용할 수 있도록 수업을 조정하는 일이 필요할 수도 있다.

당신의 아이가 영재인 것 같다는 말을 꺼내자니 자신이 없어서 두려운가? 두려워할 이유가 전혀 없다. 전문가라고 해서 모두 다 영재 교육 분야의 훈련이나 경험을 쌓은 것이 아니다. 정확한 진단에 필요한 열쇠는 당신이 쥐고 있을 수도 있다.

영재 소녀

영재 소녀는 보통 여자아이들과 어떻게 다를까? 영재이건 아니건 간에 소녀라면 누구나 자유로운 개인으로서 능력을 발달시켜나가기 위해 지지와 사랑을 필요로 한다. 하지만 영재 소녀의 경우에는 사회에서 그 영재성을 항상 높이 사지는 않는다는 점에서 좀 더 특별한 지지가 필요하다. 사람들은 어떤 행동을 남자가 하면 좋게 받아들이면서도 똑같은 행동을 능력이 뛰어난 여자가 하면 공격적이라거나, 여성답지 못하다거나, 강압적이라거나, 무례하다고 보는 경향이 있다. 불행하게도, 성역할 고정관념은 여전히 존재한다. 게다가 그런 압력은 중고등학생 시기에 더욱 심해진다. 그로 인해, 사귀고 싶은 남학생이 공부를 잘 못하면 자기가 우수하다는 사실을 숨기려고 애쓰는 여학생도 나오게 된다. 영재 여학생의 부모는 딸에게 다른 누구보다도 큰 영향을 줄 수 있다. 그러려면 딸이 재능을 계발할 수 있는 기회를 제공해야 한다. 영재 소녀들이 자신의 특출한 재능을 사용하고 계발할지, 아니면 숨기고 사장시킬지는 기대와 기회, 그 사회의 가치관에 의해 크게 좌우된다.

영재 여학생이 자신의 실제 능력과 스스로에 대해 가진 자아상 사이의 불일치를 느끼고 있다면 부모와 교사가 도와줘야 한다. 이런 아이는 뛰어난 성취를 거두고도 그 성취를 평가절하 하는 수가 있다. 혹은, 능력을 발휘하지 않아서 낮은 성적을 받아놓고는 그것을 능력 부족 탓으로 돌리기도 한다. 어떤 아이들은 공부에 관심을 끊고 대신 좋은 쪽으로든 나쁜 쪽으로든 뛰어난 리더십을 발휘하며 적응해보려 한다. 이런 행동들은 모두 도움이 필요하다는 신호이다.

부모와 교사는 다음과 같은 방식으로 영재 소녀에게 도움을 줄 수 있다.

- 아이의 말을 귀기울여 듣는다. 아이가 자신의 영재성을 깨닫고 받아들이도록 도와준다.
- 아이의 능력에 위협을 느끼는 것이 아니라 그 능력을 존중해주

는 친구를 찾도록 도와준다.

- 아이가 역할모델을 찾도록 도와준다. 영재 여성들의 전기를 읽어본다. 아이가 속한 사회에서 중요한 영향을 미치고 있는 여성을 찾아본다.
- 성역할 고정관념에 얽매이지 않는다. 아이가 원하면 자동차나 블록 장난감을 가지고 놀게 한다.
- 활동을 장려한다. 아이를 과잉보호하면 안 된다.
- 아이가 실수나 실패를 경험하도록 놓아둔다. 단, 아이가 힘든 시간을 헤쳐나갈 때 그 옆에서 힘이 되어준다.
- 여성적인 것으로 여겨지는 분야뿐만 아니라 과학과 수학 분야에 대한 흥미도 격려해준다.
- 광고, 텔레비전, 영화, 뮤직 비디오, 문학 등에서 보여지는 성역할 고정관념에 대해 토론한다.
- 집안 일을 나눠서 할 때 남녀 차이를 두지 않는다. 아들이든 딸이든 똑같이 요리, 세탁, 세차를 시킨다.
- 아이가 아빠, 할아버지, 그 외의 남자 가족이나 친구와 함께 양쪽 모두 좋아하는 활동을 하며 시간을 보내도록 장려한다. 그 활동이 전형적인 남성적 활동이라 하더라도 마찬가지다.
- 당신이 아이의 능력을 존중한다는 것을 알려준다. 아이가 어떤 것에 푹 빠져서 몰두하게 해 준다.

학습장애가 있는 아동

토마스 에디슨, 헬렌 켈러, 그 외에도 많은 사람들이 특별한 재능과 장애를 동시에 가졌었다. 에디슨의 어머니를 생각해 보라. 학교에서조차 에디슨을 포기했지만 그녀는 포기하지 않았다. 그녀는 집에서 홈스쿨링을 하며 직접 에디슨을 가르쳤고, 헛간 안에 아들이 실험할 수 있는 공간까지 마련해 주었다. 당신도 그녀처럼 자녀의 적극적인 지지자가 될 수 있다.

'이중으로 특별한' 학생들은 뛰어난 재능과 수행능력이 있지만, 장애로 인해 몇몇 학업 측면에서 어려움을 겪는다. 이들 중 일부는 특별한 교육의 필요성이 발견되어 배려를 받지만 대부분의 아이들은 판별 과정에서 발견되지 못하고 묻혀 버린다. 특히 학습장애가 있는 학생은 더욱 그렇다.

학습장애가 있는 영재아 중 많은 아이가 특별히 검사가 의뢰될 만큼 뒤떨어지지는 않는데 오히려 그 때문에 큰 문제가 생긴다. 이 아이들의 특수성을 모르는 어른들이 흔히 아이가 게으르다거나 잘 잊어버린다거나 노력을 안 한다고만 여기고 지나치기 때문이다. 학습장애가 있는 영재아는 조기에 발견해서 도움을 주어야 한다. 그러기 위해서는 특수한 검사를 통해 이 아동을 다른 학습장애 아동들과 비교해 보아야 한다. 학교 측에서는 이 검사 결과를 가지고 학부모와 협력해서 아

학습장애가 있는 영재아 중 많은 아이가 특별히 검사가 의뢰될 만큼 뒤떨어지지는 않는다. 이 아이들에게 필요한 것은 솔직하고 긍정적인 평가와 격려의 말이지 잔소리가 아니다. 그러므로 아이가 못 하는 것보다는 할 수 있는 것에 초점을 맞추어야 한다.

이의 특성에 맞는 프로그램을 계획할 수 있다. 이런 아동들에게는 개인교습, 일관성 있는 프로그램 계획, 또래집단의 지원, 멘터 관계 형성, 교과 통합 학습, 특별한 관심, 친절한 말 등이 필요하다. 이 아이들에게 필요한 것은 솔직하고 긍정적인 평가와 격려의 말이지 잔소리가 아니다. 그러므로 아이가 못 하는 것보다는 할 수 있는 것에 초점을 맞추어야 한다.

영재성과 학습장애가 동시에 있어서 영재 판별과정에서 드러나지 않는 아동에는 최소한 세 가지 유형이 있다.

첫 번째는, 영재로 판별은 되었지만 공부를 못 하는 학생이다. 주변 사람들은 이 아이가 능력에 비해 성취도가 낮은 이유, 즉 학습부진아인 이유가 부정적인 자아개념을 가졌거나 동기가 부족해서라고, 심지어는 게으르기 때문이라고 여기는 경향이 있다. 이런 학생의 학습장애는 대개 눈에 잘 띄지 않기 때문에 나중에 학업에서의 곤란이 점점 커져 다른 아이들보다 뒤처지는 상황이 된 후에야 장애를 의심하는 일이 많다. 어떤 경우에는 그런 의심조차 없이 아이가 더 이상 영재가 아닌 것으로 여기기도 한다.

두 번째는, 학습에서의 곤란이 심각해서 학습장애는 판별되었지만 영재성은 전혀 눈에 띄지 않은 학생이다. 이런 학생들이 생각보다 많다. 코네티컷 대학교에서 실시한 한 조사에 따르면 학습장애로 판별된 학생 중 33퍼센트나 되는 학생에게 우수한 지적능력이 있는 것으로 나타났다. 이런 학생들은 장애로 인해 IQ 검사를 비롯한 여러 평가에서 낮은 점수를 받고 지적능력이 심하게 과소평가 된다. 그리고 그 결과 이 학생의 잠재력은 아무 관심을 받지 못한 채 묻혀지고 학습 지도에 있어서도 반영되지 못한다. 이런 아이들이 자신에게 필요한 영재 교육 서비스를 받는 일은 극히 드물다.

세 번째는, 재능 때문에 장애가 가려지고 또 장애 때문에 재능이 가려지는 학생들로, 세 유형 중 여기에 해당되는 학생이 가장 많다. 이들은 영재성에 대해서도 학습장애에 대해서도 필요한 서비스를 받지 못한다. 이런 아이는 학교에서 중간 정도는 하기 때문에 주변 사람들은 이 아이의 능력이 보통 수준이라고 생각한다. 그리고 이 아이에게 특별한 문제나 특별한 교육적 요구가 있다고 생각하지 않는다. 실제로는 그런 특수성으로 인해 이 아이들이 잠재력 수준에 훨씬 못 미치는 학업능력을 보이는 것인데도 말이다.

아이가 나중에 학년이 높아져서 공부하는 데 곤란을 더 많이 겪게 되면 그때서야 학습장애를 의심하는 경우가 대부분이다. 이런 학생들이 그 특수한 제약에 대한 배려와 도움을 받지 못한 채 지내는 동안 이들의 학업 문제는 점점 더 커지게 된다. 주변에서 이런 아이의 진정한 잠재력을 알아보는 일은 극히 드물다.

학습장애가 있는 영재 학생의 특성을 하나하나 모두 열거하기는 거의 불가능하다. 하지만 그런 학생을 판별할 때 적어도 다음 몇 가지는 고려해야 한다.

- 뛰어난 재능 또는 능력을 보여주는 증거가 있는가?
- 그 아이가 가지고 있을 것으로 기대되는 능력과 실제 보여주는 능력이 불일치한다는 증거가 있는가?
- 정보 처리 과정에 장애가 있다는 증거가 있는가?

학습 지도 전략과 기법

학업적 재능과 학습장애가 동시에 있는 학생이 능력을 발휘할 수 있도록 도와주려면 학생의 단점보다는 장점에 맞추어 교과를 구성해야 하고, 이와 더불어 여러 가지 전략과 조정, 학습보조수단도 필요하다. 이것은 프로그램의 유형이나 수업 환경에 상관없이 항상 중요하다.

교사는 아이가 과제에서 의미를 느낄 수 있게 해 주고, 큰 과제를 작은 부분들로 쪼개주고, 적절한 칭찬, 동료학생의 개인지도, 협동 활동 등의 방법을 사용함으로써 아이에게 도움을 줄 수 있다. 장애를 극복하고 성공한 어른을 역할모델로 삼아 아이가 의욕과 자아 존중감을 높이도록 도와줄 수도 있다. 계산기나 컴퓨터 등의 학습보조수단을 이용하면 이런 학생들이 학습장애를 극복하고 자신의 강점을 발달시키는 데 도움이 된다.

글쓰기나 맞춤법에 곤란을 겪는 학생들은 워드프로세싱 프로그램을 사용하면 훨씬 수월하게 생각을 글로 표현할 수 있다. 숫자계산은 못 하지만 수학적인 문제해결 능력은 우수한 학생의 경우에는 계산기 하나가 큰 변화를 가져올 수도 있다. 동료학생의 개인지도, 시간제한 없는 시험, 녹음기, 이 모든 방법이 교실에서 다른 아이들처럼 과제를 수행할 수 없는 아동에게 도움을 줄 수 있다. 교사와 부모는 이 아이에게 다른 새로운 학습 주제를 소개하고, 또 자신이 어떻게 사고하고 어떻게 정보를 처리하는지 인식할 수 있도록 도와주어야 한다.

학습장애가 있는 영재아를 판별해내서 그 아이를 위한 계획을 세우기 위해서는 개인 지능 검사, 성취도 검사, 인지처리능력 평가, 행동 관찰 등이 포함된 종합적인 평가가 이루어져야 한다.

다음은 아이의 영재성을 판별하는 데 방해가 되는 요인들로, 학부모는 자녀에게 이런 문제가 있는지 살펴보아야 한다.

> 계산기나 컴퓨터 등의 학습보조수단을 이용하면 학습장애를 가진 영재아들이 장애를 극복하고 자신의 강점을 발달시키는 데 도움이 된다.

- 암기하기, 산수 규칙 익히기, 맞춤법, 읽기, 시간제한이 있는 시험 등을 힘들어하고, 지시사항의 절차가 두 단계 이상이면 잘 기억하지 못한다.
- 과목간 점수 차(예를 들어, 언어 영역은 아주 높고 산수는 아주 낮은 경우)가 크거나, 점수 변동 폭(오늘은 높고 내일은 낮은 식으로)이 크거나, 집에서와 학교에서의 행동이 크게 차이 난다.

- 몸놀림이 둔하다.

- 귀에 염증이 여러 번 있었다(특히 세 살 이전에). 이런 경우, 염증으로 인한 청각 손상 때문에 학습에 곤란이 생겼을 수 있다.

- 단순하고 쉬운 과제는 잘 완수하지 못하면서 어려운 개념은 쉽게 이해한다.

- 자기 자신에 대해 부정적인 자아개념을 가지고 있다. 즉, 스스로 멍청하다고 느낀다.

- 알레르기가 있다.

영재성과 장애에는 수많은 유형이 있기 때문에 학습장애가 있는 영재아 또한 그 유형이 매우 다양하다. 하지만 이들은 장애아와는 달리 행동이 모두 일치하지 않는다는 공통점이 있다.

문화적 배경이 다른 아동

부모가 비주류 문화권 출신인 아동이나 국어가 서투른 아동은 판별과정에서 간과되기 쉽다. 교사가 그 아동의 문화적 배경이나 언어를 존중하지 않거나 혹은 익숙하지 않기 때문이다. 이런 아동은 영재성이 있다 하더라도 주류 문화의 기준에는 못 미치는 것으로 나타나며 그로 인해 자아존중감에 상처를 입는다.

만약 당신의 자녀가 이런 경우라고 생각된다면 학교에 찾아가서 교사와 이야기를 나눠야 한다. 우선, 교사가 아이의 가정에 대해 알 수 있도록 정보를 제공해야 한다. 그리고, 가족끼리 하는 특별한 활동에서 아이가 두각을 나타낸다면 그 이야기도 해야 한다. 교사로서는 그런 이야기를 듣지 않으면 아이가 학교 밖에서 우수한 모습을 보인다는 것을 알 수 없기 때문이다.

새라는 집에서 스페인어를 쓰는 어린 소녀였는데, IQ는 높았지만 영어가 유창하지 못했기 때문에 교사로서는 이 아이가 얼마나 똑똑한지 알 수가 없었다. 2학년이 되었을 무렵에 새라는 이미 수많은 성경 구절을 외우고 있었고, 교회 연극에서 주연을 맡기도 했다. 교사는 새라의 어머니한테서 이야기를 듣고서야 이런 활동들에 대해 알게 되었다.

교사가 집에서 다른 언어를 쓰는 아동을 살펴볼 때에는 당분간만이라도 그 아이의 언어 능력에 관한 문제는 제쳐놓아야 한다. 학생이 어떤 언어를 사용하든지 간에 다음과 같은 모습을 보인다면 영재일 가능성이 있다.

- 혼자 알아서 행동한다.
- 언어적으로든 비언어적으로든 자기 생각을 남에게 잘 전달한다.
- 리더십이 있고 주도적이다.
- 상상력이 풍부하다.

부모가 비주류 문화권 출신인 아동이나 국어가 서투른 아동은 판별과정에서 간과되기 쉽다.

영재아를 판별해서 그 능력에 맞는 교육 기회를 주는 시기가 빠를수록 그 아동이 잠재력을 최대한 계발할 가능성이 커진다.

• 문제 접근 방식이 유연하다.

• 추상적인 사고를 할 수 있다.

• 빨리 배운다.

• 정보나 개념을 잘 기억해서 사용한다.

• 유난히 호기심이 많다.

나이가 어린 아동

나이가 어린 아동은 실제로는 아는 것이 많다 할지라도 검사에서 그것을 정확하게 측정하지 못하기 때문에 판별 과정에서 간과되는 일이 많다. 게다가 영재교육 전문가는 대개 유아동 교육 전문가가 아니다. 마찬가지로 대부분의 유아동 교육 전문가 역시 영재교육 전문가가 아니라는 점 때문에 문제가 더 복잡해진다. 미국에서도 영재 유아를 위한 특별 프로그램에 자금을 지원하는 주는 거의 없다.

하지만, 영재아를 판별해서 그 능력에 맞는 교육 기회를 주는 시기가 빠를수록 그 아동이 잠재력을 최대한 계발할 가능성이 커진다. 어린 영재아가 특별한 배려 없이 다른 아이들과 똑같은 수업을 받게 되면 그 아이는 교실의 평균 수준에 자신을 맞춰가다가 결국 그 수준을 넘어서지 못하게 될 가능성이 많다. 특히 3학년 이전에 이런 일이 자주 발생하는데, 대부분의 학교에서 영재 프로그램에 들어갈 학생을 판별하기 시작하는 것이 바로 3학년부터이기 때문이다.

저소득 가정 출신 아동

저소득층의 학부모는 생업에 바쁘다 보니 자녀가 영재인지 아닌지에 대해 깊이 생각해볼 여유가 없을 수 있다. 아침부터 밤까지 일하느라 정신이 없는 학부모의 입장에서는 아이를 좋은 영재 프로그램에 넣기 위해 부모가 해야 할 일들이 너무 많아 보일 수도 있다. 하지만 현명한 교사와 협력 관계를 맺는다면 문제는 해결된다. 불우한 가정환경을 딛고 성공한 사람들 중 많은 이들이 학창 시절에 선생님이 자신의 능력을 알아보고 격려해주고 기회를 제공해 준 것이 큰 힘이 되었다고 말한다.

저소득층 출신 영재아는 다음 다섯 개 영역 중 한 개 이상에서 우수한 능력을 보인다.

1. 학습

말을 잘 하고, 어휘 수준이 높고, 아는 것이 많아 다양한 주제에 대해 비로바로 이야기할 수 있고, 인과관계를 빨리 꿰뚫어보고, 이해가 빠르고, 사물을 꼼꼼하게 관찰한다.

2. 동기

집중력과 조직화 능력이 우수하다. 자기 자신에 대해 비판적이고, 자기 주장이 강하고, 고집이 셀 수도 있다. 운동, 음악, 구체적인 정보에 의욕적으로 몰두하기도 한다.

3. 리더십

남들을 지배하거나 주도하고, 책임을 맡고, 남들에게 리더로 여겨지고, 새로운 상황에 쉽게 적응하고, 남들과 함께 있는 것을 즐긴다.

4. 창의성

재기발랄하고 모험심이 있다. 유머감각이나 임기응변 능력이 뛰어나고 호기심이 많으며 아이디어가 풍부하다. 색이나 디자인에 예민하고 예술적 안목이 뛰어날 수도 있고, 신체 운동 조정 능력이 탁월할 수도 있다.

5. 적응력

학교 생활을 충실하게 하면서 학교 밖에서도 여러 가지 일을 맡아 잘 해내고, 복잡한 생활환경이나 제한된 자원으로 인해 생긴 문제를 잘 처리하고, 성숙한 판단력과 추론 능력이 있고, 배운 것을 다른 상황에 잘 응용한다. 남들은 잘 모르는 것에 대해 많이 알고 있을 수도 있다.

간과되기 쉬운 아이들

교사가 영재아를 판별하는 훈련이 되어 있지 않은 경우, 다음과 같은 특성이 있는 영재아들은 판별 과정에서 간과되어 영재 프로그램에 들어가지 못하기 쉽다.

- 틀에 박힌 일을 지루해한다.
- 진부하고 반복적인 과제나 숙제를 하지 않으려 한다.
- 자신에 대해 비판적이고 실수나 실패를 견디지 못한다.
- 한 주제에서 다음 주제로 잘 넘어가지 못한다.
- 남들에 대해 비판적이다. 특히 윗사람 중에서 '멍청이'라고 생각하는 사람에게 더 그렇다.
- 부적절한 때에 농담이나 말장난을 한다.
- 윗사람에게 동의할 수 없는 것이 있으면 말로 그것을 표현한다.
- 정서적으로 몹시 예민하다. 그래서 무슨 일이 잘못되면 과잉반응을 한다.
- 세부적인 것에 관심이 없다. 숙제를 엉망으로 해서 낸다.
- 고집이 세고, 관습을 따르지 않는다.
- 남들을 지배하거나 주도권을 장악하는 경향이 있다.

덧붙여서

영재아를 판별하는 과정에서 간과되거나 꼬리표가 잘못 붙여지는 아이가 생기지 않도록 최대한 노력한다 하더라도 어쩔 수 없이 실수는 생기기 마련이다. 하지만 영재성이나 재능의 의미는 시대에 따라 문화에 따라 달라진다는 점을 기억할 필요가 있다. 또한 엄밀하게 말하자면 학교에서 판별하는 것은 사실 영재성이 아니다. 학교에서는 학생들의 교육적 요구를 판별해서 그에 맞는 프로그램을 짤 뿐이다.

한때 사냥을 훌륭한 기술로 존중했던 때가 있었다. 하지만 지금은 어떤가? 일개 스포츠일 뿐이고 심지어 야만적이라는 비난을 듣기도 한다. 점쟁이, 운동선수, 엔터테이너, 이들 모두가 특정 시기에 특정 문화에서 존중받았거나 현재 존중받고 있지만, 다른 시대, 다른 문화에서도 그런 것은 아니다.

현재 우리가 가치를 두는 것이 IQ와 창의성이라면, 미래에는 무엇에 가치를 두게 될까? 만약 우리 사회가 오로지 돈, 스포츠, 엔터테인먼트만 중시하는 사회가 된다면 우리는 아이들에게 어떤 메시지를 보낼 것인가? 우리가 찾는 재능이란 것은 과연 무엇인가?

영재학생 판별에 대한 최근 연구들을 보면 학생들이 각자의 영재성을 드러내는 방식이 다양하다는 사실을 알 수 있다. 그러므로 지금보다 더 다양하고 믿을 만한 평가 방법이 필요하다. 지능검사와 성취도검사에만 전적으로 의존할 것이 아니라 관찰 자료나 포트폴리오 같이 기존에 사용하지 않았던 것을 포함하는 등, 다양한 방법을 근거로 사용해야 한다. 그렇게 한다면 우리 사회의 다양성을 더 잘 반영하는 영재아들을 판별하는 데 도움이 되리라는 것이 많은 영재 교육 전문가들의 말이다.

제3장

영재 자녀와 살기

배움이란 우리와 아이들이 서로 주고받는 것이다. 아이들을 가르친다고 하지만 사실은 그 과정에서 어른도 아이에게서 뭔가를 배운다. - 로버트 콜스(Robert Coles)

영재아는 어떤 아이인가?
영재 자녀에게 든든한 지원자가 되어 주려면 어떻게 해야 하는가?

모든 아이는 저마다 독특하고 고유한 존재들이다. 하지만 영재아들에게는 몇 가지 공통적인 특성이 있다. 영재아들은 대개 다른 또래 아이들과 다르게 배우고, 다르게 행동하고, 다르게 반응한다. 이런 자녀를 둔 부모라면 아이가 유난히 조숙한 행동, 유난히 부모의 마음을 홀딱 사로잡는 행동, 유난히 난처한 행동을 했던 적을 떠올리기가 어렵지 않을 것이다. 예상치 못했던 아이의 행동 때문에 깊은 인상을 받거나 놀랐던 일도 있을 것이다. 이번 장에서는 영재아들이 공통적으로 보이는 특성을 살펴보려 한다. 이런 특성들을 이해하고 나면 각자의 영재자녀에게 맞는 최선의 양육방법을 찾을 수 있을 것이다. 영재아들은 서로 비슷한 면이 있긴 하지만 또 그만큼 서로 다르기도 하다. 우리는 아이에게 어떤 장애가 있으면 그 아이의 부족한 기술, 주의가 필요한 부분들에 대해 말한다. 하지만 영재아는 뭔가가 부족하기보다는 뭔가가 더 많은 아이다. 영재아가(그리고 어떤 때는 부모까지도) 겪는 많은 문제들이 바로 이것, 남들보다 더 많다는 것 때문에 생겨난다.

영재아들은 대개 다른 또래 아이들과 다르게 배우고, 다르게 행동하고, 다르게 반응한다. 영재아는 뭔가가 부족하기보다는 뭔가가 더 많은 아이다.

끝없이 질문하는 아이

영재아들은 지식에 굶주려 있다. 이 아이들은 자기가 사는 세계에 대한 정보를 얻으려 노력한다. 어떤 영재아들은 모든 것을 다 알고 싶어 해서 마치 메뚜기처럼 이 대상에서 저 대상으로, 이 관심사에서 저 관심사로 뛰어다닌다. 또 어떤 영재아들은 한 번에 한 가지 주제씩만 파고들어 그 분야의 전문가가 되기도 한다. 이 아이들의 질문은 끝이 없다. 아침에 눈 뜰 때부터 지쳐 잠들 때까지 이 아이들의 머릿속은 세상을 이해하느라 바쁘다. 심지어 밤에 불을 끄는 순간까지도 질문은 계속된다. 아주 어린 영재아들조차도 이런 모습을 보인다. 영재 자녀를 둔 많은 부모가 이런 식으로 말한다. "우리 애는 스펀지 같아요. 뭐든지 다 흡수하려고 하거든요."

난감한 질문을 하는 아이

- "별들은 떨어지면 어디로 가요?"

- "다른 나라에 굶주리는 사람들이 있는데 왜 우리나라에서는 농사지을 수 있는 땅을 놀려요?"

- "왜 눈은 다른 데서부터 녹지 않고 꼭 나무 밑동 주변부터 녹아요? 나무에서 열이 생기는 거예요?"

- "왜 아직 감기의 치료법이 없어요?"

- "사람들은 왜 전쟁을 해요?"

당신의 자녀가 하는 질문 중에는 누군가가 대답해 줄 수 있는 것도 있고 분명한 답이 없는 것도 있다. 아이가 물어본 것이 당신이나 아이가 답을 찾아볼 수 있는 종류의 문제라면 마음이 편할 것이다. 물론 그렇게 찾은 답이 아이가 이해할 수 있는 수준을 넘어서는 경우는 예외다. 똑똑한 아이는 그 부모가 아무리 현명한 사람이라 할지라도 다 대답해 줄 수 없을 만큼 질문을 많이 한다.

왜, 언제, 누가, 어째서 등의 질문 공세에 대비하려면 어떻게 해야 할까? 우선, 좋은 참고 서적들을 미리미리 갖춰 놓아야 한다. 최신 연감, 지도책, 세계기록을 모아놓은 책, 상식백과, 사전, 백과사전 등이 여기에 해당된다. 도움이 될 만한 웹사이트도 찾아 놓으면 좋다. 이렇게 준비를 해 놓으면 도서관에 갈 수 없을 때에도 언제든지 아이가 가능한 한 빨리 호기심을 해결하도록 도와줄 수 있다.

대답하기 어려운 질문에는 솔직하게 대답하는 것이 좋다. 아이의 나이에 따라 조금씩 다르겠지만 기본적으로는 이런 식으로 대답하면 된다. "참 좋은 질문이구나. 어른들 중에도 그걸 알고 싶어 하는 사람이 많아. 그런데 문제는 그 질문에 명쾌한 답이 없다는 거야. 너는 어떻게 생각하니? 나는 어떻게 생각하는지 들어볼래?"

왜, 언제, 누가, 어째서 등의 질문 공세에 대비하려면 어떻게 해야 할까? 우선, 좋은 참고 서적들을 미리미리 갖춰 놓아야 한다. 도움이 될 만한 웹사이트도 찾아 놓으면 좋다. 대답하기 어려운 질문에는 솔직하게 대답하는 것이 좋다.

움직이며 배우는 아이

영재아와 그 부모들은 뭔가를 배우고 발견한다는 것이 활발한 활동을 수반하는 격렬한 과정이라는 사실을 일찌감치 깨닫게 된다. 어떤 아동들은 너무나 활동적인 나머지 주의결핍 과잉활동장애(ADHD)로 잘못 진단되기도 한다. 두 경우가 비슷하게 보일 수도 있지만 한 가지 중요한 차이가 있는데, 그것은 영재아의 행동은 대개 세상을 탐색하고 자기의 의문에 해답을 찾으려는 욕구에서 나온 것이라는 점이다.

이 아이들은 복잡성을 사랑한다. 그래서 때로는 대상을 실제보다 더 어렵게 만들기도 한다. 이들은 목표를 달성하기 위해 그 끝이 없어 보이는 에너지를 사용한다. 그리고 그 목표는 바로 세상을 더 잘 이해하는 것이다. 이들은 정신적, 육체적으로 활동적이고 열심이다. 반면, 주의결핍 과잉활동장애가 있는 아동은 대개 특별한 목적이나 목표가 없이 활동적이다.(주의결핍 과잉활동장애와 영재성에 대한 자세한 설명은 64~68쪽에 나와 있다.)

영재아들은 신체적으로 활발하게 움직이는 것만큼이나 정신적으로도 활발하게 움직인다. 그래서 밤에 잘 시간이 되어도 머릿속의 흥분을 가라앉히지 못해 쉽게 잠자리에 들지 못하는 아이가 많다. 또한, 자기 또래 중에서 낮잠을 포기한 첫 번째 아이인 경우도 많다. 이런 아이의 부모는 활동적이고 창의적인 실외 놀이를 많이 계획해서 아이가 에너지의 일부를 쓰게 해줘야 한다.

활동적인 영재 자녀와 흥미진진한 대화를 나누거나 신나는 영화를 보여준 다음 아이를 바로 재우려고 해서는 안 된다. 아이가 흥분을 가라앉힐 시간이 필요하다. 아이가 잠들기 전에 동화를 들려주는 것도 좋은 방법이다. 듣는 이를 편안하게 만드는 이야기들은 아이의 몸과 정신을 모두 차분하게 가라앉히는 데 도움이 된다. 마음을 평온하게 하는 음악을 듣는 것도 도움이 된다.

옛날 일을 다 기억하는 아이

일반적으로 영재아들은 기억력이 비상한데, 그런 기억력을 부모가 잊어버린 일(또는 잊어버리고 싶은 일)을 상기시키는 데 종종 써먹곤 한다. 한 어머니에게서 이런 말을 들은 적이 있다. 이 어머니가 아들이 세 살이었을 때 속도위반 딱지를 뗀 적이 있었는데 그 아들이 지금 아홉 살이 되어서도 그 일을 시간, 장소, 속도까지 모두 기억하고 있다는 것이다.

영재아들은 명절날 자기에게 누가 뭘 주었는지, 누가 어떤 약속을 하고 지키지 않았는지를 몇 년 뒤에도 기억해낸다. 혹시 이런 말들이 귀에 익은가?

• "공원 놀이터에 데려가 주시겠다고 3주전 목요일에 약속하셨잖아요. 그런데 왜 아직 안 간 거예요?"

영재 꼬마들은 또래들보다 일찍 걸음마를 떼고 말을 시작하는 경향이 있다. 이 아이들은 보통 한두 번의 반복만으로 배운다. 또, 일단 한 번 들은 것은 머릿속에 저장한다.

• "작년 9월에 저희 선생님이 현장 학습을 갈 거라고 말씀하셔 놓고 현장 학습 안 갔어요."

지킬 자신이 없는 약속은 하지 않는 것이 좋다. 이 점을 지킨다면 자녀에게서 더 오랫동안 신뢰받을 수 있다.

일찍 배우는 아이

영재 꼬마들은 또래들보다 일찍 걸음마를 떼고 말을 시작하는 경향이 있다. 물론 예외도 있는데, 예를 들면 아주 똑똑하고 눈치 빠른 몇몇 꼬마들은 자기가 완전한 문장으로 의사를 전달할 수 있을 때까지, 혹은 넘어지지 않고 걸을 수 있을 때까지 기다리기도 한다. 이 아이들은 보통 한두 번의 반복만으로 배운다. 또, 일단 한 번 들은 것은 머릿속에 저장한다. 그래서 아이가 듣지 않았으면 하고 부모가 바라는 정보까지도 머릿속에 저장하고 그 정보를 사용하기까지 한다.

린의 어머니는 두 살짜리 딸 린을 데리고 친구 집에 놀러가 있었다. 그 집 지하실에는 이 어머니의 친구가 수집해 놓은 곰 인형들이 있었다. 이 친구가 린에게 지하실에 가는 게 무섭지 않겠느냐고 묻자 린의 대답인즉, 여섯 달 전에 왔을 때 보니 그

곰들이 살아있는 게 아니었고 지금도 그 사실을 기억한다는 것이었다. 지하실에 내려가자 린은 곰을 세기 시작했다. 한 마리, 두 마리, 세 마리 … 마지막 열세 번째 곰까지 막힘 없이 셌고, 어머니의 친구는 몹시 놀라워했다.

당신의 자녀가 대부분의 영재아와 비슷하다면 아마 그 아이는 마치 입에 모터가 달린 것처럼 쉬지 않고 말할 것이다. 또, 이런 아이들은 수준 높은 어휘를 사용하는 경향이 있는데, 그 때문에 때로는 그런 엄청난 어휘를 이해하지 못하는 또래 친구들과 잘 섞이지 못하기도 한다. 예를 들어, 영재 꼬마가 또래친구들과 공룡에 대해 이야기하면서 혼자 브론토사우루스니 스테고사우루스, 티라노사우루스 렉스 같은 전문 용어를 사용하면 다른 아이들로서는 왠지 거리감이 느껴질 것이다. 영재아들은 어려운 단어를 듣고 이해만 하는 것이 아니라 그 단어를 정확하게 사용할 수도 있다. 한 세 살짜리 꼬마가 자러 가기 싫어서 뭉그적거리고 있었다. 뭐 하고 있냐는 엄마의 물음에 이 꼬마가 대답했다. "지체하고 있어요."

비동시적 발달

영재아는 정서적 연령, 신체적 연령, 지적 연령이 각기 다

당신의 자녀가 대부분의 영재아와 비슷하다면 아마 그 아이는 마치 입에 모터가 달린 것처럼 쉬지 않고 말할 것이다. 또, 이런 아이들은 수준 높은 어휘를 사용하는 경향이 있는데, 그 때문에 또래 친구들과 잘 섞이지 못하기도 한다.

똑똑한 아이들은 같이 놀며 생각을 주고받을 만한, 자기와 비슷한 사람을 필요로 한다. 이 아이들은 또래 친구들의 정신적 수준이 자기와 맞지 않으면 자기보다 훨씬 나이 많은 사람을 제일 친한 친구로 꼽기도 한다.

른 경우가 많다. 그래서 많은 영재아들이 또래 친구들과 별개로 자기와 지적 수준이 맞는 친구들을 따로 가지고 있다.

똑똑한 아이들은 같이 놀며 생각을 주고받을 만한, 자기와 비슷한 사람을 필요로 한다. 가만히 살펴보면 주변에 이런 아이가 몇 명밖에 없을 때 이들이 서로를 찾아내서 자기들끼리 친하게 지내는 것을 볼 수 있을 것이다.

이 아이들은 또래 친구들의 정신적 수준이 자기와 맞지 않으면 자기보다 훨씬 나이 많은 사람을 제일 친한 친구로 꼽기도 한다. 다섯 살짜리 영재 꼬마가 "그 형은 재미있는 생각을 많이 하거든."이라고 말하며 아홉 살짜리 아이와 어울려 다니는 일도 흔하다. 문제는 그 친구가 이 꼬마는 아직 할 수 없는 일을 하고 싶어 할 때 발생한다. 예를 들어, 그 나이 많은 친구가 공원에 가고 싶어 한다고 생각해보자. 아직 혼자 길을 건너는 것도 허락 받지 못한 이 꼬마를 그냥 남겨두고 그 친구 혼자 자전거를 타고 훌쩍 가버릴 수도 있는 것이다. 대학교 2학년생과 제일 친하게 지내는 초등학교 4학년생의 경우도 마찬가지다. 이 두 사람은 컴퓨터에 대한 애정으로 뭉친 사이이지만, 4학년짜리 아이가 대학생의 활동에 흥미를 가지지는 않을 것이고, 또 그런 활동에 같이 껴도 안 되는 것이다.

영재 자녀가 십대에 들어서면 새로운 상황과 문제들이 튀어나오기 마련이다. 정신연령 상의 또래 친구들은 데이트를 하고 차를 몰고 술을 마시는데 영재 자녀는 정서적으로도 법적으로도 그럴 단계가 아니다.

이런 불일치로 인해 가장 힘들어하는 경우는 바로 한 학년 혹은 여러 학년을 월반한 영재아들이다. 이런 아이는 지적 능력에서는 급우들을 앞설 수도 있지만 신체적인 운동 능력에서는 아무래도 뒤쳐지기 쉽다. 또, 사회적, 정서적으로는 앞설 때도 뒤쳐질 때도 있을 것이다. 영재아들은 흔히 어렸을 때부터 자기가 뭔가 다르다는 느낌을 가지는데 청소년기가 되면 이 느낌이 더 강해진다. 그와 더불어서 남들에게 받아들여지고 싶은 욕구로 인한 압박감 역시 커진다. 하지만 영재아에게 무엇보다도 필요한 것은 부모가 자기를 사랑하고 이해하고 있다고 느끼는 것이다.

영재아에게 가장 힘든 두 시기는 언제일까?

1. 취학 전   이때 영재아들은 정확히 문제가 뭔지는 모르지만 어쨌든 자기가 남들과 뭔가 다르다는 것을 안다. 그로 인해, 자기가 멍청하다는 잘못된 결론을 내리는 아이도 있다.

2. 십대   또래 집단의 압력이 매우 클 때다. 남들과 똑같아야 한다는 압박감 때문에 학습부진아가 되기도 한다.

어떤 때는 영재아의 지적 연령과 정서적 연령간의 격차 때문에 집에서 문제가 생기기도 한다. 부모들은 이런 아이에게

"나잇값을 해야지."라고 말하지만 사실 이 아이는 자기 나이에 맞게 행동한 것일 뿐일 때가 많다. 그 좋은 예로 아이다운 어리석은 행동을 들 수 있다. 부모들은 다른 아이가 했으면 참아줄 행동도 영재 자녀가 하면 어리석은 짓을 했다고 나무라는 경향이 있다.

어떤 어른들은, 심지어 애들은 애들일 뿐이라고 믿는 어른조차도 영재아는 더 현명하게 행동해야 한다고 생각한다. 다섯 살짜리가 4학년 수준의 책을 읽거나 어려운 산수 문제를 풀 수 있다 하더라도 다섯 살짜리 꼬마라는 사실에는 변함이 없다. 때로는 사고를 일으킬 수도, 아직 손가락을 빨 수도, 신발 끈을 안 매고 다닐 수도, 아기 같은 행동을 할 수도 있는 것이다.

아이가 철없는 짓을 했을 때 영재니까 그러지 않았어야 한다며 아이를 나무라면 안 된다. 영재라는 이유로 자꾸 야단을 맞게 되면 십중팔구 아이의 영재성은 숨어 들어가게 된다. 좀 더 관대한 마음으로 아이가 충분한 시간 동안 아이로서 지내게 놓아두도록 하라. 당신과 같은 길을 걸어간 선배 학부모들의 말을 믿어보기 바란다. "부모가 마음의 준비를 채 하기도 전에 어느덧 어리석던 꼬마가 자라서 부모 품을 떠나 버린답니다."

어른인 우리도 빡빡한 일상에 파묻혀 지내다가도 가끔 한 번씩 애들 같은 짓을 해 보고 싶은 마음이 들곤 하지 않는가?

한 영재 고등학생은 그런 마음을 이렇게 표현했다. "아이들이 어렸을 때 아이처럼 행동하게 해 주지 않으면 나중에 더 커서 아이처럼 놀고 행동하게 돼요. 그런데 그건 아주 부적절하잖아요."

운동 기술의 격차

나이 어린 영재아들은 나이에 비해 지적능력만 앞설 뿐 손놀림까지 앞서 있는 것은 아니다. 어떤 경우에는 또래들보다 손놀림이 뒤떨어지기도 한다. 이해력과 지식수준은 높은데 손놀림이 그것을 따라주지 않는 이런 상황은 영재아에게 좌절감을 안겨 줄 수도 있다.

영재아라 하더라도 자기가 혹은 교사가 바라는 만큼 글씨를 잘 쓰지 못할 수도 있다. 많은 영재아들이 글씨 쓰기를 지루하고 성가시고 맥 빠지는 일로 여기는데, 가장 큰 이유는 이 아이들의 생각이 움직이는 속도가 연필이 움직이는 속도보다 훨씬 빠르기 때문이다. 아이가 글씨 쓰기에 넌더리를 낸다면 녹음기에다가 머릿속의 생각을 구술하게 하는 것도 한 가지 방법이다. 아이가 구술하도록 한 다음 그 이야기를 좀 더 자세히 설명하게 하라. 많은 영재아들이 일단 컴퓨터 자판을 능숙하게 두드릴 수 있게 되면 뭔가를 할 때, 특히 창의적인 작업을 할 때 컴퓨터가 몹시 편하다는 것을 알게 된다. 틀린 글자를 고치는 지루한 시간이 확 줄어들기 때문이다.

아이가 섬세한 근육을 발달시킬 수 있도록 놀이용 찰흙 가지고 놀기, 손가락에 물감 묻혀 그림 그리기, 실에 구슬이나 시리얼 꿰기 등을 시키면 좋다. 이런 아이는 대개 미리 정해진 틀 안에서 뭔가를 하기를 싫어하므로 미술재료를 가지고 자유롭게 자신을 표현하도록 해 주어야 한다. 글씨 쓰기 역시 단순한 글씨 쓰기가 아니라 일종의 예술로 가르치면 좋다. 그렇게 하면 아이가 글자 모양을 만들며 재미와 도전감을 느낄 수 있으므로 글씨 쓰기를 고문으로 여기지 않는다. 어떤 종류의 것이든 간에 신체 활동은 모두 아이의 고른 운동 기술 발달에 도움이 된다.

부모와 맞먹으려 드는 아이

영재아들이란 말로써 부모를 이길 수 있는 아이들이기도 하다. 당신의 자녀가 대부분의 영재아들과 비슷하다면 아마 그 아이는 뛰어난 언어 능력을 사용해서 정확히 자신이 원하는 바를 얻어내는 법을 일찌감치 터득했을 것이다. 하지만 아이에게 그런 능력이 있다고 해서 아이가 집안의 규칙에 대해 왈가왈부하게 놓아두어서는 안 된다. 어떤 경우에든 아이들은 부모가 몇 가지 중요한 규칙을 정하고 그것을 고수할 때 훨씬 안정감을 느낀다. 영재라고 해서 부모 말을 안 듣거나 제멋대로 행동해서는 안 된다.

대부분의 아이들은 부모가 너무 엄하게 다루면 속으로 분노를 키우며 그 분노를 다른 아이들에 대한 공격적인 행동으로 표출한다. 영재아들도 마찬가지인데, 차이점이 있다면 이 아이들은 그 정도 행동에서 그치지 않을 수도 있다는 점이다. 즉, 이 아이들은 자기가 필요한 경우에 거짓말을 하거나 물건을 훔치는 법을 이른 나이에 터득할 수도 있다. 그러므로 부모는 반드시 이런 자녀를 존중하며 공정하게 대해야 한다.

영재성이 있다는 것이 도덕 관념이 뛰어나다는 의미는 아니다. 바꿔 말해서, 이 아이가 똑똑하다는 이유만으로 남들보다 규칙을 덜 엄격하게 적용해도 되는 것은 아니다. 하지만 대체로 이런 아이는 어떤 행동이 어떤 결과를 낳는지를 다른 아이들보다 빨리 배우고, 따라서 같은 실수를 자꾸 반복하지 않는다. 또, 영재아는 규칙을 지키기보다는 교묘하게 규칙을 피하는 법을 터득해서 그것을 사용할 수도 있다. 하지만 규칙을 지키지 않고 이용하려고만 들다가는 세상의 규칙을 이해하지 못하게 될 수도 있다.

영재들도 이 세상에서 제대로 살아가기 위해서는 세상이 돌아가는 규칙을 이해해야 한다. 대부분의 영재아들이 가끔씩 부모와 교사의 머리꼭대기에 앉아 주도권을 쥐려고 시도

영재들도 이 세상에서 제대로 살아가기 위해서는 세상이 돌아가는 규칙을 이해해야 한다. 아무리 똑똑한 아이라 할지라도 누군가 자기보다 더 현명하고 경험 많은 사람이 책임자 자리에 있다는 사실에 안정감을 느낀다.

만약 자녀가 진심으로 자기 생각이 옳다고 생각해서 부모와 논쟁을 하려 든다면 최소한 자녀가 하는 말을 진지하게 들어는 주어야 한다. 혹시 논쟁을 해서 지더라도 부끄럽게 생각할 필요는 전혀 없다.

하긴 하지만 만약 아이가 실제로 계속 그렇게 하도록 놓아두면 결국 이 아이는 혼란에 빠지게 된다. 아무리 똑똑한 아이라 할지라도 누군가 자기보다 더 현명하고 경험 많은 사람이 책임자 자리에 있다는 사실에 안정감을 느낀다.

아이가 점점 성숙해지며 올바른 판단력을 보여주면 부모는 아이를 조금씩 더 신뢰할 수 있게 된다. 만약 자녀가 진심으로 자기 생각이 옳다고 생각해서 부모와 논쟁을 하려 든다면 최소한 자녀가 하는 말을 진지하게 들어는 주어야 한다. 혹시 논쟁을 해서 지더라도 부끄럽게 생각할 필요는 전혀 없다. 다만, 아이가 단지 논쟁 자체를 목적으로 논쟁을 하는 경우, 혹은 부모의 소신을 거스르거나 위험수위를 벗어나는 내용인 경우는 예외다.

때로는 절대적인 규칙을 정하는 것이 도움이 된다. 절대적인 규칙이란 어떠한 경우에도 협상의 대상이 될 수 없는 규칙을 말한다. 규칙의 내용은 아이의 나이에 따라 여러 가지가 있을 수 있지만 일단 정해진 규칙은 엄격하게 적용해야 한다. 학교 빠지지 않기, 술 마시지 않기, 주중에는 귀가 시간 지키기, 취침 시간 지키기, 성냥 가지고 놀지 않기 등이 예가 될 수 있다.

좀 익숙해지면, 지금 자녀가 단지 자기 말이 어디까지 통하는지 보기 위해 논쟁을 하려 드는 것인지, 아니면 정말 합리적인 근거가 있어서 그러는 것인지를 분간할 수 있을 것이다.

만약 아이가 어떤 영역에서 스스로 책임질 수 있는 능력을 증명했고, 그것을 자기주장의 근거로 삼는다면 이제 규칙을 완화하고 아이의 자유를 늘려주어야 할 때라고 볼 수 있다.

어른과 친하게 지내는 아이

영재아들 중에는 또래 아이들과 노는 것보다 부모나 다른 어른들과 함께 있는 것을 더 편하게 느끼는 아이가 많다. 그 이유로는 두 가지를 생각해볼 수 있다. 우선, 영재아들은 생각은 어른과 비슷하지만 나이 때문에 제약과 좌절감을 자주 느끼는데, 그래서 오히려 어른을 상대하는 것이 더 편할 수도 있다. 이런 아이들은 진심으로 어른들의 대화를 즐기고 어른과 함께 있는 것을 더 좋아한다. 어쩌면 당신의 영재 자녀도 당신을 가장 친한 친구로 여기고 있을지도 모른다.

두 번째로는, 영재아들이 이해력은 매우 좋은데 그런 머릿속의 생각을 실행에 옮기는 데 필요한 능력이나 기술이 아직 없다는 것이다. 그래서 이 아이들은 자기의 목적을 이루기 위해 어른의 도움을 필요로 한다.

언젠가 다섯 살짜리 아이가 지역 신문의 편집자에게 보낼 편지를 좀 써 달라고 나에게 부탁한 적이 있다. 그 아이는 어떤 불의에 대해 몹시 염려하고 있었는데, 신문사 같은 기관에

★ 영재아들 중에는 또래 아이들과 노는 것보다 부모나 다른 어른들과 함께 있는 것을 더 편하게 느끼는 아이가 많다. 어쩌면 당신의 영재 자녀도 당신을 가장 친한 친구로 여기고 있을지도 모른다.

서 다섯 살짜리의 말에 귀 기울이지 않으리란 것, 하지만 그 의견을 교사가 제출해 주면 진지하게 들어줄지도 모른다는 것을 알고 있었던 것이다. 나는 아이와 함께 책상에 앉아서 아이의 생각을 받아쓴 다음 그 편지를 아이 이름으로 투고했다. 아이는 자기 의견을 제안했다는 데 뿌듯해했고, 나 역시 그런 식으로 도움이 되었다는 데 뿌듯함을 느꼈다.

도움을 준다는 것은 물론 좋은 일이다. 하지만 "엄마, 내가 ~를 못 했다고 선생님한테 얘기 좀 해 주세요." 같은 부탁까지 들어주며 아이의 대변인이 되어서는 안 된다. 똑똑한 아이들은 교사가 학부모의 의견이나 요청을 더 잘 들어줄 거라는 사실을 알기 때문에 "엄마나 아빠한테 대신 말해 달라고 해도 되지 않을까?"라고 생각한다. 부모가 아이에게 든든한 지원군이 있다는 사실을 느끼게 해 주는 것도 중요하지만, 아이가 스스로 자기 의견을 말하는 법을 배우도록 도와주는 것도 필요하다.

모험도 필요하다

자녀가 지금보다 좀 더 대담했으면 하고 바라는 부모는 많지 않다. 특히 신체적인 위험이 따르는 일에 대해서는 더욱 그렇다. 하지만 몇몇 영재아들은 위험을 피하려는 성향이 너무 강한 나머지 새로운 활동이나 지적인 도전 같은 일에서마저 주저하고 심지어 시도조차 안 하려고 하는데 이것은 참으로 슬픈 일이다. 이런 아이들은 대개 스스로에 대해 비판적이고 자기의 부족한 면만을 보기 때문에 매사에 자신 없어 하는 경향이 있다. 그래서 이 아이들은 어떤 일에 뛰어들기 전에 먼저 그것이 뭔지, 어떻게 될 것인지, 어떤 요소가 포함되어 있는지를 모두 알고 싶어 한다.

한 학부모는 이렇게 말한다. "저희 딸은 똑똑하긴 한데 동기가 부족할 때가 있어요. 걔는 같은 반 아이들의 수준을 기준으로 삼거든요. 자기하고 실력이 비슷하거나 더 높은 학생들과 같은 반이 되면 동기가 생겨서 더 열심히 공부하고 자기 실력을 더 제대로 발휘해요."

어떤 영재아들은 새로운 것은 하나도 시도하지 않으려고 한다. 틀릴까봐, 바보처럼 보일까봐, 상황이 어떻게 돌아가는지 파악할 수 없을까봐 그러는 것이다. 이 아이들은 새로운 것을 시도하기 전에 먼저 남들이 하는 것을 관찰하고 싶어 한다. 적당한 범위 내에서라면 남들을 관찰하는 것은 뭔가를 배우는 좋은 방법이다. 하지만 실패에 대한 두려움이 너무 커서 매사에 조심스러워하는 아이에게는 자신감을 북돋워줄 필요가 있다. 이런 자녀에게는 어떤 일을 첫 번에 제대로 할 수 없다고 해서 그것을 실패라 부를 수는 없으며, 혹 실패나 실수를 반복한다고 해도 그것 때문에 무능한 사람이 되는 것은 아

어떤 영재아들은 새로운 것은 하나도 시도하지 않으려고 한다. 이들에게는 실패나 실수를 반복한다고 해도 그것 때문에 무능한 사람이 되는 것은 아니라는 사실을 알려줘야 한다.

니라는 사실을 알려줘야 한다.

자녀에게 "말도 안 되는 소리야"라든지 "그렇게 될 리가 없지"같은 말들을 절대 하지 않도록 주의하기 바란다. 그런 말들은 아이가 상상력을 펴지 못하게 만드는데, 자녀가 그렇게 되기를 원하는 부모는 아무도 없을 것이다. 자녀가 한 일, 그리고 나름대로 어려움이 있었던 그 중간 과정을 당신이 존중한다는 것을 보여 줘야 한다. 예를 들어 "그거 정말 열심히 한 게 눈에 보이는 구나"와 같은 말로 자녀를 격려해 줄 수 있다. 이런 허용적인 분위기가 조성되어야 아이가 모험심을 가지고 새로운 것을 시도할 수 있다. 자녀가 뭔가를 시도하고 그 결과를 볼 수 있게 허용해 주도록 하라.

당신 스스로도 모험심을 가지고 새로운 것을 배워보기 바란다. 그리고 그 과정에서 애쓰는 모습을 아이에게 본보기로 보여 주도록 하라. 어른들한테는 매사가 쉽게 이루어진다고 생각하는 아이들이 너무나 많다. 당신의 자녀와 함께 새로운 운동, 새로운 기술, 새로운 예술, 새로운 외국어에 도전해 보도록 하라.

자녀가 모든 문제에는 정답이 하나씩만 있다는 생각을 가지고 있을 때 그 생각을 버리도록 도와줄 수 있는 한 가지 방법이 있다. 다음 예와 같이 정답이 없는 문제를 내는 것이다.

• 집을 어떻게 손보면 더 좋아질까?

- 복권에 당첨되면 뭘 할 거니?

- 살기에 가장 좋은 곳은 어디일까? 왜 그렇게 생각하니?

- 이상적인 학교는 어떤 모습일까?

유머감각이 뛰어난 아이

영재아들은 흔히 성숙한 유머감각을 가지고 있다. 이 아이들은 또래에 비해 세상을 더 잘 이해하기 때문에 미묘한 유머를 포착할 수 있다. 다른 아이들이 어떤 농담을 듣고 전혀 이해 못할 때도 이 아이들은 그 농담의 핵심을 알아챈다. 이 때문에 영재아들은 다른 아이들이 농담을 이해 못할 때 좌절감을 느끼기도 한다. 똑똑한 아이들이 어른과 함께 있기를 좋아하는 데에는 이런 이유도 있다.

영재아들은 흔히 말장난이나 언어유희에서 큰 기쁨을 느낀다. 한 학부모는 자신의 아들이 네 살 때부터 어른들의 농담을 이해하고 즐겼다고 말한다.

한 가지 주의해야 할 점이 있다. 아이의 유머감각이 좌절당하면 그 에리한 유머감각이 신랄한 빈정거림으로 변할 수도 있다. 만약 아이한테서 그런 징조가 보이면, 아무리 농담이라할지라도 항상 남들을 깎아 내리는 말을 하는 사람은 다른 사람들이 좋아하지 않는다는 사실을 아이에게 알려주어야 한다.

빨리 배우는 아이, 깊이 배우는 아이

대부분의 영재아는 다른 아이들에 비해 기본적인 기술을 더 빨리, 더 잘 배운다. 이 아이들은 더 적은 연습과 반복만으로 새로운 정보를 자기 것으로 만든다. 이미 알고 있는 것을 되풀이해서 배워야 할 때 이 아이들은 금세 지루해하며 동기를 잃어버린다. 그리고 그 결과 부주의한 실수를 하거나 과제를 엉성하게 하거나 일을 하다말기도 한다. 일부 교사들은 이것을 동기 부족 탓이라 여기며 다음과 같이 아이에 대한 부정적인 의견을 표시한다. "걔는 영재 프로그램에 들어갈 만한 학생이 아니에요. 교실에서 보통 수업도 못 따라가는걸요. 날마다 내주는 숙제도 형편없이 해 오고요."

영재아들은 대개 여러 가지 많은 것에 관심이 있지만 보통은 한 번에 한 가지 특정 영역에 집중하기를 좋아한다. 이 아이들은 자기가 선택한 영역에서 놀라울 정도로 많은 정보를 모으고 흡수해서 어린 나이에 '전문가'가 된다.

부모들은 마음을 단단히 먹기 바란다. 이 아이들이 뭔가에 완전히 빠져 있다가 언젠가는 다른 것으로 넘어가긴 하지만 그 다음 것이 더 나쁠 수도 있다는 것을 각오해야 한다. 아이가 공룡에 빠져 있는 것도 마뜩찮았는데 그 다음 관심사로 살아 있는 파충류를 선택할 수도 있다. 한 여자아이는 동물의 내부를 공부하겠다며 차에 치어 죽은 동물을 집에 가져오곤 했다. 이 아이는 책에 나온 해부도만으로는 만족하지 못했고 실물을 원했다. 결국 이 아이의 어머니는 다음과 같은 규칙을 만들어야 했다. "엄마 허락 없이는 살아있는 것, 살아 있었던 것을 집에 가져오지 않기."

대부분의 영재아들은 일을 벌이기를 좋아한다. 이 아이들은 대개 자기만의 취미가 있고 또 자기가 모으는 수집품이 있다. 또한 스스로 직접 지식을 발견하기를 좋아한다. 때로는 자기가 감당할 수 없을 만큼 큰일에 착수하기도 한다. 한 중학생은 세계의 문명에 대해 공부하고 싶어 했는데, 처음부터 세계의 모든 문명과 그 문명권의 사람들에 대해 알고자 했다. 쉽지 않은 일이었지만, 결국 대상을 특정 시기와 특정 문화로 작게 나눔으로써 공부하기가 훨씬 수월해졌고 또 에너지를 더 집중할 수 있었다.

한 번에 너무 많은 것을 하려 하면 그 일은 십중팔구 실패하게 되어 있다. 그런데 아이들은 일을 작은 부분으로 쪼개는 법을 모를 때가 많다. 부모는 이 아이들에게 한 부분을 끝내고 나서 다음 것으로 넘어가면 된다는 것을 가르쳐 줄 필요가 있다. 이런 식으로 접근하면 커다란 일도 한결 수월해지고 아이의 만족감과 성공 가능성도 더 커진다.

자녀가 어떤 과제를 공략할 때 현실적인 판단을 할 수 있게 도와주도록 하라. 아이들은 흔히 어떤 일을 계획해서 실행하다가 알고 싶었던 것을 다 알았다 싶으면 그냥 거기서 중단하

는 때가 많다. 그럴 만도 한 것이, 이 아이들은 탐구하는 동안
은 완전히 마음을 빼앗기지만 일의 나머지 과정, 즉 결과를
글로 정리해야 하는 단계에서는 김이 빠지기 때문이다. 자녀
가 어떤 완성된 결과물을 만들어야 하는 경우에는 부모가 적
절한 조언을 하며 이끌어 주는 편이 좋다. 그렇지 않은 경우
라면, 자녀가 일을 하다 만다든지 자꾸 방향을 바꾼다든지 하
더라도 그냥 받아들이도록 한다. 아이가 중간에 관심사를 바
꾸면 그 문제에 대해 아이와 이야기를 나눈 다음 아이가 죄책
감 없이 다음 관심사로 넘어갈 수 있게 해 주는 것이 좋다.

자녀가 학교 과제의 마감일을 지킬 수 있게 도와주는 것도 필요하다. 많은 영재아들이 해야 할 일을 마지막 순간까지 미루다가 겨우 시작하곤 한다. 이런 학생의 경우, 시간 계획표를 짜고 중간 목표를 써 놓으면 도움이 될 것이다. 전체로 보면 감당할 수 없어 보이는 일이라 하더라도 작은 부분들로 나누면 감당할 수 있는 일이 되기 때문이다.

너무 예민한 아이

아이든 어른이든 간에 영재들은 대부분 이 세상의 문제들을 심각하게 받아들이는 경향이 있다. 이들은 뛰어난 관찰력과 인식 능력으로 인해 흔히 전쟁, 기아, 가난, 학대, 폭력, 그 외의 세상에서 일어나는 모든 불의에 대해 강한 공포와 분노를 느낀다. 바꿔 말해, 이들은 '큰 일'에 대해 걱정한다. 영재 아동 역시 사회의 위선과 불의에 몹시 민감하기 때문에 아주 어린 나이에도 절망감이나 냉소적인 시선을 가질 수 있다.

연구자인 제프리 데레벤스키(Jeffrey Derevensky)와 일레인 콜먼(Elaine Coleman)은 영재아들이 무서워하는 것을 조사하여 지능이 보통인 아이들과 비교했다. 그 결과, 나이가 어린 영재아들이 가장 공통적으로 두려워하는 것은 폭력과 핵전쟁인 것으로 나타났다. 이렇듯 폭력을 특별히 두려워한다는 것

아이든 어른이든 간에 영재들은 대부분 이 세상의 문제들을 심각하게 받아들이는 경향이 있다. 이들은 뛰어난 관찰력과 인식 능력으로 인해 흔히 전쟁, 기아, 가난, 학대, 폭력, 그 외의 세상에서 일어나는 모든 불의에 대해 강한 공포와 분노를 느낀다.

은 이 아이들이 언론매체에서 납치, 테러리즘, 학대, 살인, 그 외 끔찍한 범죄에 관한 기사들을 자주 접하고 있다는 사실을 반영한다고 볼 수 있다.

영재아들은 그 외에도 매우 잡다한 것들에 대해 두려워하고 있는 것으로 나타났는데, 이것은 이 아이들이 나이에 비해 세상을 많이 알고 있음을 보여준다. 이 아이들이 무서워하는 것 중에는 죽음과 질병, 임신과 낙태, 실업, 친구가 없는 것, 고독, 파산, 버림받는 것, 사랑 받지 못하는 것, 정신질환 같은 것들이 포함되어 있었다.

영재아들은 매우 예리한 인식능력이 있어서 죽음의 불가피성을 아주 어린 나이에 깨닫는 경향이 있다. 이 아이들은 죽음의 의미를 궁금해 하는데, 어떤 아이는 그것이 지나쳐서 죽는 순간에 대한 생각에 사로잡히기도 한다. 그래서 죽어가는 모습을 실연해 보이거나 죽은 동물을 집에 들고 와 묻기도 한다.

죽음이 인생과정의 자연스러운 일부분인 것은 사실이지만 가족의 죽음에 대처하기는 쉬운 일이 아니다.

우리는 죽음을 부정하는 문화에서 살고 있고, 그래서 거의 대부분의 사람들은 아이들에게 죽음에 관해 이야기하기를 꺼린다. 하지만 어른들이 감정을 숨기기만 하면 아이들이 그 죽음에 대해 불합리한 죄책감과 책임을 느끼게 될 수도 있다. 부모들은 아이의 질문에 솔직하게 대답해주어야 한다. 그렇게 하지 않으면 죽음은 아주 나쁜 것이라 외면해야 한다는 잘못된 무언의 메시지가 전해질 수도 있다.

영재아들은 너무 예민한 탓에 실제로는 그렇지 않은데도 자기가 사람들에게 거부 받고 있다고 느끼기도 한다. 또한, 지나치게 예민하다보니 스스로 자기에게 뭔가 문제가 있다고 믿게 되는 경우도 있다. 다른 아이들이 이 아이가 사소한 일에 강하게 반응하는 것을 가지고 놀리면 그런 생각이 더 강화될 수도 있다.

이 아이들의 예민함은 긍정적으로 작용할 수도, 부정적으로 작용할 수도 있는데, 그것은 아이가 상황을 어떻게 받아들이고 어떻게 반응하느냐에 달려 있다. 지적능력이 앞서있는 아이는 여러 면에서 특별히 취약하다.

건강한 몸에 건강한 정신

부모들은 영재 자녀의 신체활동 욕구를 하찮게 여기지 않도록 주의해야 한다. 이 아이들의 몸은 때로 머리만큼이나 활동적이다. 또 사실 그래야만 한다. 음악에 맞춰 몸 움직이기, 자전거 배우기, 달리기, 걷기 등은 다양한 신체활동 중 일부일 뿐이다. 자녀가 상상력을 사용해서 여러 가지 신체 활동을 생각해내고 또 동시에 그 상상하는 과정 자체도 즐길 수 있도록 도와주어야 한다.

재미있는 신체활동 몇 가지를 소개한다.

- 기존의 놀이에 창의적으로 변화를 주어 새로운 재미를 느껴본다. 예를 들어, 탁구를 칠 때 첫 게임을 이긴 사람은 다음 게임 때 반대쪽 손으로 친다든지 하는 식이다.

- '모두 같은 편' 놀이를 해 본다. 이 놀이는 풍선을 가지고 하는 일종의 배구인데, 한쪽 편에 네다섯 명의 선수가 서고 반대편에는 선수가 없는 상태로 경기를 시작한다. 각 선수는 풍선을 다른 선수에게 토스한 후 네트 아래를 가로질러 반대편으로 뛰어간다. 마지막으로 풍선을 토스 받은 선수는 그 풍선을 네트 너머로 쳐 보내고 자기도 반대편으로 뛰어간다. 풍선이 땅에 닿지 않도록 하며 이 과정을 반복한다. 이 놀이의 목표는 최대한 여러 번 팀 선수들이 반대편에 갔다가 돌아오는 것이다.

- 걷기는 평생 동안 할 수 있는 훌륭한 운동이다. 자녀와 함께 색다른 산책을 시도해 보라. 예를 들어, '어, 저런 게 있었네' 산책을 해보면 어떨까? 산책 방법은 간단하다. 평소에 다니던 길을 자녀와 함께 걸어가며 전에는 알아차리지 못했던 것 10가지(혹은 15가지)를 찾아본다.

집중과 휴식

영재아들은 대개 자기가 흥미를 느끼는 일에 아주 오래 집중할 수 있다. 하지만 누가 시켜서 하는 일에는 그런 집중력을 발휘하지 못할 때도 많다. 이런 자녀는 책이나 컴퓨터, 그 외 다른 일에 너무 열중한 나머지 부모가 밥 먹으러 오라고 불러도 못 들을 때가 있다. 그렇다고 아이가 부모를 무시하는 것은 아니다. 단지 지금 하고 있는 일에 완전히 몰두해서 다른 것을 전혀 의식하지 못할 뿐이다.

자녀가 당신이 부르는 소리를 못 들을 때는 가볍게 건드리거나 안아 주면 효과가 있다. 눈 맞추기도 놀라운 효과가 있다. 소리 지르거나 잔소리하는 것은 소용도 없을뿐더러 오히려 아이가 점점 부모 말을 귓등으로 들으며 무시하게 만든다.

자녀에게 계획이나 일정을 미리 알려주고 그것에 맞춰 준비하게끔 하면 부모와 자녀 양쪽 모두의 스트레스가 줄어든다. 생각해 보라. 누가 당신에게 "그 책 당장 내려놔. 가게에 가야 돼."라고 말하면 기분이 좋지 않을 것이다. 그보다는 "세 시에 가게에 가야 되거든? 출발하기 10분 전에 알려 줄게."라고 말하는 편이 더 듣기 좋다. 만약 자녀가 어떤 일을 할 때 완전히 흥분해서 정신을 빼앗기는 유형이라면 몰입 상태에서 서서히 빠져나오는 법을 익히도록 도와주어야 한다.

때때로 이 아이들은 마치 폭격을 당하는 것처럼 수많은 감

자녀에게 계획이나 일정을 미리 알려주고 그것에 맞춰 준비하게끔 하면 부모와 자녀 양쪽 모두의 스트레스가 줄어든다.

각정보가 자기에게 밀려드는 것을 느낀다. 그런 때는 그 장소에서 긴장을 풀든지 아니면 더 조용한 장소로 가든지 해서 그 상황을 벗어날 필요가 있다. 당신의 집에는 자녀가 혼자 있고 싶거나 조용히 쉬고 싶을 때 갈만한 방이나 공간이 있는가? 영재아들은 소리나 시각적 자극, 기타 환경 자극에 유난히 민감하다. 자연이나 음악, 색 같은 것에 큰 영향을 받기도 한다. 그리고 주변 환경에서 남들이 알아보지 못하는 미묘한 차이를 알아차린다.

이런 아이에게는 혼자서 휴식을 취할 수 있는 안전하고 조용하고 평화로운 장소가 필요하다. 어떤 영재아들은 빨리 잠들지 못해서 어려움을 겪는다. 머릿속에 너무 많은 생각이 들어 있기 때문이다. 이 아이들은 흥미진진한 책이나 TV프로그램을 보고 나서 바로 잠들지 못한다. 머릿속의 흥분을 가라앉힐 시간이 필요한 것이다. 어떤 때는 아무 문제없이 잘 잠들지만 그랬다가 한밤중에 머릿속이 멋진 아이디어로 가득 차서 깨어나기도 한다. 이런 경우, 침대 옆에 녹음기를 놓아두면 아이가 자다가 깨서 머릿속의 생각들을 녹음기에 옮겨놓고 다시 잠들 수 있다.

운동은 휴식을 취하는 좋은 방법이지만 어떤 아이들은 운동에서 매우 큰 쾌감을 느끼며 지나치게 몰두하기도 한다. 한 남자아이는 그 쾌감에 너무 맛들인 나머지 마치 마약을 하는 것처럼 운동에 빠져들었다. 그 아이에게는 운동이 더 이상 휴식의 한 형태가 아니라 몰두하고 싶은 또 하나의 활동이었다. 자녀가 어떤 활동에 지나치게 빠져들고 있는 것을 발견했을 때에는 부모가 간섭을 해서 아이가 생활의 균형을 찾도록 도와주어야 한다. 자녀가 새로운 것을 시도하고, 놀고, 친구들과 어울리도록 격려하라. 가끔씩은 그냥 빈둥거리며 시간을 보내도록 격려할 필요도 있다. 어쨌거나 긴장을 풀고 휴식을 취하는 것은 중요하기 때문이다.

아이들을 위한 긴장완화 기법

• **간단한 명상법**   머릿속을 비우고 완전히 내면에 집중한다. 외부에서 벌어지는 일들은 모두 무시한다. 그 다음, 머릿속에 떠오르는 이런저런 생각을 차분하게 가지고 논다.

• **호흡수 세기**   숨을 쉬면서 횟수를 센다. 열까지 센 다음 다시 처음부터 시작한다. 중간에 정신이 산만해지면 처음으로 돌아가서 다시 시작한다. 호흡수를 세는 것은 일석이조의 효과가 있다. 긴장이 풀어질 뿐 아니라 머릿속도 정리된다. 기분을 전환하고 차분해지고 싶을 때 언제든지 이 과정을 반복하면 된다.

• **몸을 이용한 긴장 완화 기법**   편안한 자세로 앉거나 누워서 눈을 감고 긴장을 푼다. 그리고 몸의 모든 근육에 동시

> 에 힘을 준다. 그 상태를 잠시 유지한 후 온몸에서 동시에 힘을 빼고 축 늘어뜨린다.
>
> •몸을 이용한 또 다른 긴장완화 기법　몸의 한 부분(손가락이 무난하다)에 힘을 준다. 그런 다음 힘을 빼고 축 늘어뜨린다. 귀에서부터 발가락까지 이 과정을 반복하며 의식적으로 모든 부위의 긴장을 푼다.

깔끔하지 않은 아이

영재 자녀를 둔 부모라면 이미 아는 사실이겠지만, 똑똑한 아이라고 해서 늘 깔끔한 것은 아니다. 오히려 이 아이들은 어수선하고 너저분한 것을 보통 아이들보다 더 잘 참는 경향이 있다. 장래에 에너지 위기를 해결할 지도 모르는 아이지만, 지금 당장은 펼쳐놓은 책이며 레고로 쌓은 집, 우표 모은 것들, 그 밖의 수많은 관심사를 증명하는 물건들 때문에 연필하나도 못 찾는 아이이기도 한 것이다.

이런 아이에게는 숙제를 깔끔하게 해서 내는 것이 별로 중요한 일이 아닐 수도 있다. 방을 깨끗하게 정리해야 된다는 생각은 더더군다나 없을 것이다. 영재아들은 대체로 물건을 버리기를 싫어한다. 이 아이들은 책상 위의 예쁜 돌멩이를 어디서 주웠는지, 침대 밑에 넣어둔 깃털이 어느 새에게서 빠진 것인지 정확하게 기억한다. 이 아이들은 세세한 것을 예리하게 관찰하고 인식하기 때문에 뭔가가 없어지면 금세 알아차린다. 그러므로 부모는 아이의 물건을 존중해주어야 한다. 또한, 부모 자신의 마음에 안 든다고 아이의 물건을 슬쩍 치우고는 그냥 넘어가기를 기대해서도 안 된다.

물건을 정리정돈 하는 기술은 학교에서 가르쳐주지 않는다. 그러므로 필요하다고 생각되면 부모가 아이에게 정리하는 요령을 가르쳐야 한다. 예를 들어, 일주일에 한 번 또는 한 달에 한 번 '정리의 날'을 정하는 방법이 있다. 아이는 아마 학교에서 받아온 것이며 과제물 등을 모두 가지고 있고 싶어하겠지만, '정리의 날'에는 그것들을 모두 꺼내 특별히 보관하고 싶은 것만 골라내게 한다. 그런 다음 각각에 날짜를 써넣고 특정 장소나 파일에 집어넣게 하면 된다.

여러 가지 보관함을 사용하면 정리하기가 한결 편하다. 아이에게 월별로 파일을 만들게 하고 그 파일들을 큰 상자에 넣게 한다. 한 학년이 끝나면 그 상자 안에 든 것들을 꺼내보며 그 해에 있었던 일 중에서 기억하고 싶은 것이 무엇인지 생각해보게 한다. 그 다음, 남기기로 결정한 물건들을 포트폴리오, 즉 특별 보관함에 넣으면 된다. 결과적으로 이 특별 보관함에는 아이의 발전상을 보여주는 것들, 혹은 특별히 잘한 것들이 보관된다. 아이가 중요하게 여기는 물건들이나 간직하

일부 영재아에게 있어서 숙제를 깔끔하게 해서 내는 것이 별로 중요한 일이 아니다. 방을 깨끗하게 정리해야 된다는 생각은 더더군다나 없을 것이다. 영재아들은 대체로 물건을 버리기를 싫어한다.

고 싶은 미술작품들을 정리할 때에도 상자가 유용하다. 상자가 가득 찼을 때에는 그 안의 것들을 정리하며 버릴 것을 골라내게 한다. 버릴 것이 별로 없는 경우에는 상자 수를 늘릴 수도 있다.

아이에게 공간을 하나 정해주고 그 안에서는 마음대로 늘어놓을 수 있게 해 주도록 하라. 그 대신 몇 가지 규칙을 분명하게 세우는 것이 좋다. 예를 들자면, 토요일 아침(진공청소기 돌리는 날)에는 바닥에 내려와 있는 물건 없게 하기, 침실에는 먹다 남은 음식 놓아두지 않기, 매일(혹은 부모가 참을 수 있으면 매주) 한 번씩 거실 등의 공동장소에 있는 개인 물건 싹 치우기 등의 규칙을 세울 수 있다.

글을 일찍 깨치는 아이

일부 영재아들은 혼자서 글을 깨친다. 대개의 경우, 이 아이가 언제 어떻게 글자의 비밀을 풀었는지 어른들은 알지 못한다. 글을 일찍 깨쳤다고 반드시 영재란 법은 없지만 그래도 하나의 단서는 될 수 있다. 어떤 아이들은 세 살밖에 안 된 나이에 글을 읽기 시작한다. 어떤 아이들은 부모한테서 혹은 유치원이나 어린이집에서 글을 배운다. 또 어떤 영재아들은 글 읽기보다 다른 것에 더 흥미가 있어서 늦게 글을 깨치기도 한다. 그런 점에서 볼 때, 영재아가 유치원을 졸업하도록 또는 1학년이 되도록 글을 못 읽는다고 해서 영재 프로그램에서 제외시키는 것은 옳지 않다. 마찬가지로, 어린이집에 다니는 아이가 글을 깨쳤다고 해서 그것만 가지고 아이를 영재 프로그램에 넣어서도 안 된다.

여러 연구결과에 따르면, IQ가 170 이상인 영재아들은 전형적으로 글을 일찍 깨치고(대개 네 살 이전), 말을 일찍 잘 하고, 유아기에 유난히 기민하고, 일찍부터 상징을 이해하고 사용하며, 추상적인 추론 능력이 일찍 발달한다고 한다. 고도영재아들도 평균적으로 네 살 이전에 쉬운 글을 한눈에 읽을 수 있다. 이것은 시대나 문화, 언어권의 차이를 막론하고 발견되는 사실이다.

고도영재아들은 이해력이 뛰어나기 때문에 아주 어린 나이에 「초원의 집」같은 책을 이해하는 아이도 드물지 않게 있다. 이런 아이는 유치원이나 1학년 때 문제가 생기는데, 왜냐하면 이때 학교에서는 기본적인 이해 기술을 가르치고 강조하기 때문이다. 학부모와 학교는 아이의 이런 앞선 능력에 적합하도록 교과구성을 심화하고 진도를 조절할 필요가 있다.

영재아들은, 다른 많은 일에서와 마찬가지로, 글을 읽을 능력이 갖춰지고 또 글을 깨침으로써 얻어지는 이익을 알게 될 때 글을 완전히 터득한다. 많은 영재아들이 부모가 모르는 사이에 스스로 글을 읽기 시작한다. 글을 일찍 깨치는 것이 영

글을 일찍 깨치는 것이 영재아들의 공통적인 특징 중 하나이다. 간혹 학교에 들어가서도 글을 못 읽는 영재아도 있다. 이런 아이에게는 학습장애가 있을 가능성이 있다. 영재성과 학습장애는 공존할 수 있다.

재아들의 공통적인 특징 중 하나이긴 하지만 간혹 학교에 들어가서도 글을 못 읽는 영재아도 있다. 이런 아이에게는 학습장애가 있을 가능성이 있다.

영재아니까 학습장애가 없을 거라는 생각은 틀린 생각이다. 영재성과 학습장애는 공존할 수 있다.

자녀와 대화하라

대부분의 영재아들은 협조적이고 사교적이어서 사람들의 호감을 받으며, 또 흔히 리더로 여겨진다. 부모는 아이가 이런 재능을 좋은 쪽으로 사용하도록 이끌어야 한다. 많은 불량 써클 리더들이 바로 이런 재능을 나쁜 쪽으로 활용한 아이들이다. 흔히 재능 있는 아이일수록 키우기가 쉬울 거라고들 생각하는데 그것은 오해다. 오히려 사실은 그 반대다. 능력이 아주 뛰어난 아이를 키우려면 모든 면에서 더 많은 것을 투입해야 한다. 또한, 자녀와의 대화가 몹시 중요하다.

부모는 자녀가 방과 후에, 저녁에, 주말에 무엇을 하는지 반드시 알고 있어야 한다. 아이의 친구가 누구인지도 알아두고, 그 부모들과도 교류하도록 하라. 그 부모들에게 전화해서 인사를 나누고 대화해 보면 아마 그들도 당신과 똑같이 느끼고 있고, 그래서 당신의 이야기를 듣게 되어 반가워한다는 것

을 알 수 있을 것이다. 아이가 친구 집에 놀러갈 때 아이를 그 집 앞까지만 데려다 주고 바로 돌아서지 않도록 하라. 같이 현관문까지 가서 그 집 부모를 만나는 것이 좋다.

　대부분의 아이들은 나이가 들수록 부모가 자기 생활에 공공연히 끼어드는 것을 좋아하지 않는다. 하지만 부모가 약간의 요령이 있으면 아이의 생활을 가까이서 지켜볼 수 있다. 아이가 친구 집에서 하는 파티에 갈 때는 반드시 전화를 걸어 그 집 부모가 계속 집에 있을 것인지 확인해야 한다. 술이나 담배를 하지 못하게 감독하겠다는 다짐도 받아야 한다. 1분 밖에 걸리지 않는 이런 간단한 일로 평생 후회할 일이 생기지 자녀의 친구들에게 집을 개방하라. 특별한 아이의 부모로서 막막한 고립감을 느낀다면 다른 영재아들의 부모들과 교류하라.

않도록 막을 수 있다.

또래집단의 영향력은 아이에게 엄청난 압력을 가할 수 있다. 한 여중생은 활달하고 착한 모범생이었는데 갑자기 완전히 변해서 사람을 피하는 낙제생이 되어버렸다. 이 아이의 부모는 자기 딸이 아니라 다른 아이와 같이 사는 듯한 기분을 느꼈다. 결국 이 부모는 딸이 마약을 하고 있다는 사실을 알게 되었다. 나중에 들은 딸의 설명인즉, 자기가 학교에서 인기 있는 아이들과 어울리기는 힘들 것 같아서 자기를 받아들여주는 친구들을 찾았는데 그 아이들이 마약을 하길래 자기도 했다는 것이었다.

자녀의 친구들에게 집을 개방하라. 언제든지 기꺼운 마음으로 과자며 음료수를 사러가고 비디오를 빌려다 줄 자세를 갖추도록 하라. 그렇게 하면 자녀와 어울려 다니는 친구들에 대해 알 수 있고, 또 그 아이들의 행동에 어느 정도 통제력을 행사할 수 있다. 특별한 아이의 부모로서 막막한 고립감을 느낀다면 다른 영재아들의 부모들과 교류하라. 네트워크는 중요하다. 당신과 같은 관심사를 공유하는 모임이나 조직을 찾아보라. 가족끼리 모여 할 수 있는 활동을 주선해 보라. 부모 자신도 다른 어른들과 어울리며 즐기는 시간을 가지도록 하라. 자녀가 다니는 학교에 도움을 줄 수 있는 일을 찾아서 하라. 그렇게 하면 당신의 자녀는 물론 다른 아이들에게도 그 혜택이 돌아갈 것이다.

제4장

문제에 대처하기

세상에 바라는 변화, 그 변화를 당신 자신이 이루도록 하라.
- 모한다스 간디

- -

우리 아이를 자신감 있는 아이로 키우려면 어떻게 해야 할까?
너무 예민한 우리 아이를 이해하고 대처하려면 어떻게 해야 할까?
완벽주의에 어떻게 대응할 것인가?
정상적인 영재아의 행동이 선을 넘어 문제 행동이 되는 것은 어떤 경우인가?
언제 어떻게 도움을 받아야 하는가?

솔직하게 터놓고 말하자. 영재아는 키우기 힘들다. 아마 지금
이 글을 읽으며 '힘든 정도가 아니지!' 라고 생각하는 부모도
많을 것이다. 영재아는 다른 아이들보다 더 많은 것을 알아차
리고 더 머리가 좋다. 그래서 더 극단적이고 집요하고 격렬한
경향이 있고, 그 때문에 문제를 일으키기도 한다. 이번 장에

서는 부모가 미리 경계하고 대비해야 할 전형적인 문제들, 그리고 그보다 덜 흔하지만 더 심각한 결과를 초래하는 문제들을 살펴보려고 한다.

영재아 특유의 강점과 그로 인해 생길 수 있는 문제들

〈강점〉	〈생길 수 있는 문제〉
• 정보를 빨리 습득한다.	• 남들이 느린 것을 참지 못한다. 틀에 박힌 일, 반복 연습을 싫어한다. 기초를 철저히 공부하지 않으려 한다. 개념을 쓸데없이 더 복잡하게 만든다.
• 지적인 호기심이 많고 탐구적이다. 스스로 동기가 유발된다. 대상의 의미를 찾으려 한다.	• 난처한 질문을 자주 한다. 완고하다. 지도를 잘 따르지 않는다. 흥미가 과도하다. 남들도 자기와 같기를 기대한다.
• 개념적 사고, 추상적 사고, 종합적 사고를 할 수 있다. 문제 해결과 지적 활동을 즐긴다.	• 세부적인 것을 무시하거나 빠뜨린다. 반복연습을 싫어한다. 학습 절차에 의문을 제기한다.

- 인과관계를 파악할 수 있다.

- 진리, 정의, 페어플레이를 좋아한다.

- 사물이나 사람을 조직화해서 체계와 질서를 세우기를 즐긴다.

- 어휘가 풍부하고 언변이 좋다. 또래들이 모르는 분야에 대해서도 폭넓은 정보를 가지고 있다.

- 비판적으로 사고한다. 기대 수준이 높다. 자기 자신에 대해 비판적이다. 남들을 평가한다.

- 관찰력이 예리하다. 예외적인 것에도 관심을 기울인다. 개방적인 태도로 새로운 경험을 받아들인다.

- 감정, 전통, 신념 등의 비논리적인 것을 잘 받아들이지 못한다.

- 현실적인 문제를 잘 생각하지 못한다. 인도주의적 차원의 문제에 대해 걱정한다.

- 복잡한 규칙이나 체계를 만든다. 대장 행세를 하는 아이, 무례한 아이로 보일 수 있다.

- 상황을 피하거나 빠져나가는 데 말재주를 사용하기도 한다. 학교와 또래 친구들에게 싫증을 낸다. 너무 아는 척하는 아이로 비춰진다.

- 남들에 대해 비판적이고 너그럽지 못하다. 의욕이 꺾이거나 우울해질 수 있다. 완벽주의자 경향이 있을 수도 있다.

- 한 가지에 초점을 맞추면 그것밖에 보지 못한다. 남의 말을 너무 곧이들어 속을 때가 있다.

- 창의적이고 독창적이다. 일을 새로운 방식으로 하기를 좋아한다.

- 집중력이 강하다. 흥미를 느끼는 일을 할 때 주의집중시간이 길다. 행동이 목표지향적이다. 끈기 있다.

- 예민하고 남들에게 공감을 잘 한다. 남들에게 받아들여지고 싶어한다.

- 정력적이고 기민하고 열성적이다. 한번 씩 뭔가에 몰두해서 엄청난 노력을 기울인다.

- 독립적이다. 독자적으로 일하는 편을 좋아한다. 자기 자신을 믿는다.

- 계획을 따르지 않거나 기존에 알려진 지식들을 잘 받아들이려 하지 않는다. 남들과 보조를 못 맞추는 아이로 비춰진다.

- 방해나 간섭 받는 것을 싫어한다. 흥미 있는 일에 집중하는 동안은 해야 할 일이나 주변 사람에게 소홀하다. 고집스럽다.

- 비판이나 또래의 거부에 민감하다. 남들도 가치관이 비슷하기를 기대한다. 성공과 인정에 대한 욕구가 크나.

- 활발하게 움직일 수 없는 상황에서 스트레스를 받는다. 지나친 열성 때문에 다른 사람들의 일정을 방해하기도 한다. 과잉활동아로 비춰질 수 있다.

- 부모나 친구의 의견, 조언을 거부한다. 남들 하는 대로 하지 않는다. 인습에 얽매이지 않는다.

• 유머감각이 뛰어나다.

• 어수선하고 주의 산만한 아이로 보일 수 있다. 시간이 부족할 경우 스트레스를 받는다. 남들이 항상 유머감각을 발휘하기를 기대할 수도 있다. 상황의 부조리함을 간파한다. 또래친구들이 이 아이의 유머를 이해하지 못할 수도 있다. 관심을 끌기 위해 학급의 익살꾼이 되기도 한다.

위로가 될 만한 사실이 있다. 학업이나 지적능력에서 영재성이 있는 학생들의 불안, 우울, 자살 경향을 연구한 결과, 이런 아이들이 부적응의 위험이 더 크다는 생각은 잘못된 것임이 밝혀졌다. 이 아이들도 여느 사람과 마찬가지로 문제에 부딪히는 것이고, 단지 영재아로서 가지는 특성 때문에 몇몇 문제가 좀더 크게 불거질 뿐이다.

영재 학생들이 저마다 가진 영재성의 종류가 다양하듯이 이들의 사회성도 천차만별이다. 어떤 영재아들은 감정을 잘 조절하고, 친구를 잘 사귀고, 협상을 통해 해결책을 잘 얻어내고, 급우나 교사와 잘 협력한다. 반면 어떤 영재아들은 이런 기술이 부족해 문제를 겪는다. 언어적으로 조숙한 아이는 수학적 능력이 일찍 발달한 아이보다 대인관계에서 문제를 더 많이 겪을 수 있다. 창의성이 매우 높은 아이는 또래아이들과 섞이지 못할 위험이 더 크다. 또, 영재아가 스스로 남들과 다르다고 느끼는 정도가 심할수록 사회적으로 적응하는 데 어려움이 더 크다.

영재성에 대한 사람들의 반응은 여러 가지다. 그 반응은 몇 가지 요인에 따라 긍정적인 것이 될 수도, 부정적인 것이 될 수도 있다. 그 요인에는 영재성의 유형과 정도, 아이와 교육 프로그램간의 궁합, 아이의 개인적 특성 같은 것이 포함된다. 영재아를 위한 특별 프로그램에 참가하고 있고 학업 성적이 우수한 영재 학생들은 최소한 다른 또래아이들만큼은 사회에 잘 적응한다. 오히려 더 잘 적응하는 아이도 있다.

자신감 있는 아이로 키우기

영재아들은 평소에 사람들과 대체로 잘 지낸다. 하지만 남들과 다른 것에 흥미를 가지고, 사고가 독립적이고, 남들 하는 대로 행동하지 않을 때가 있다 보니 아이 자신과 부모에게 힘든 순간이 생기기도 한다. 그런 특성들이 다른 아이들, 그리고 어른들에게까지도 간혹 거슬리게 느껴질 수 있기 때문이다. 사람들과 섞이는 법을 모르는 탓에 또래들로부터 '괴짜' 나 '따분한 공부벌레' 취급을 받는 아이도 많다.

자녀가 친구 사귀는 기술을 향상시키도록 도와줄 몇 가지 방법이 있다. 왜 어떤 아이들은 사람들의 호감을 사는지에 대해 자녀와 이야기를 나눠 보라. 그런 대화를 통해 아이가 대인관계에 필요한 긍정적인 특성과 행동에 대해 깨닫고 자기도 그렇게 해야겠다는 생각을 하게 될 수 있다. 또한, 일반적으로 다른 아이들에게 받아들여지지 않는 행동들에 대해서도 부드럽게 이야기해줄 필요가 있다. 자녀 스스로 따돌림 당했다고 자주 느끼는 경우에는 아이에게 남들에게는 있는데 자신에게는 없다고 생각하는 것이 무엇인지 물어보도록 한다. 또 인기가 있는 것과 친구가 있는 것의 차이에 대해 말해주어야 한다. 인기는 일시적인 것이지만 우정은 오래 가는 것이다.

어떤 아이들은 나름대로 대처하기 위해 잘못된 방법, 즉 문제행동에 의지한다. 아이 나름대로는 자아존중감을 높이려 애쓰는 것이지만 그 방식이 남들에게는 거슬리는 것이다. 예를 들어, 한 아이가 자기는 항상 답을 알아야 하고 항상 옳아야 한다고 믿고 있다면 당연히 그 주변 아이들은 이 아이를 불쾌하게 여길 것이다. 어떤 영재아들은 자기가 틀리는 일이 있어서는 안 된다고 생각한다. 이런 아이는 다른 사람을 칭찬하거나 반 친구의 아이디어가 좋다고 인정하면 왠지 자기가 낮아지는 것 같은 기분을 느낀다. 그래서 이런 아이는 칭찬에 인색한 경향이 있고 심지어는 남들 말을 들어주는 데에도 인색할 수 있다. 또, 스포트라이트를 독점하지 못하면 불편해하는데, 다른 아이들도 그 사실을 눈치 챈다.

영재아는 반 아이들이 흥미를 가지는 것과 다른 것에 흥미를 가지기 때문에 때로 '따분한 공부벌레' 나 '괴짜' 라는 꼬리표가 붙기도 한다. 불행하게도, 이 아이들 중 일부는 아무리 노력하더라도 몇몇 특정 집단에는 영원히 섞여 들기 힘들다. 이런 아이에게 좋은 방법은 자기가 섞여 들 수 있을만한 집단, 혹은 자기를 이해하고 받아들여주는 한두 명의 진짜 좋은 친구(이 아이들 역시 똑똑하고 창의적인 아이일 가능성이 높다.)를 찾는 것이다.

영재아들은 종종 고립감 때문에 괴로워한다. 특히, 십대 때는 또래 집단의 인정을 받는 것이 너무나 중요하게 느껴지는 시기라 더 고통스러울 수 있다. 십대들은 머리 모양에서부터 청바지 상표에 이르기까지 모든 면에서 남들과 같기를 필사적으로 원한다. 대부분의 아이들은 중학생 때 이런 모습을 보이지만 일부 영재아는 3, 4학년 때 벌써 이런 모습을 보인다. 남들과 다르게 생각하는 사람은 나이가 몇 살이든지 간에 고립감을 느낄 수 있다.

일부 십대 영재아들은 스스로 대인관계에서 실패자라고 느껴지면 대인관계를 포기하고 자신의 정신적 능력에만 집중하기도 한다. 아이를 지나치게 불편한 상황에 억지로 집어넣어서는 물론 안 되지만, 사람이라면 누구나 삶에 어느 정도의 균형이 필요한 법이다. 부모는 이런 자녀가 적어도 친구 사귀는 것에 대해 마음을 열어놓고 있도록 격려해야 한다. 사회적으로 잘 적응하고 있는 영재아라 할지라도 흥미와 능력이 비슷한 사람들하고만 사귀며, 다른 십대들보다 좁은 인간관계를 유지하기도 한다.

 다브로스키에 의하면 과흥분성을 가지고 태어난 아이는 자극에 대한 감수성이 높고 그에 대한 반응도 강하다. 이런 아이들은 더 예민하고, 더 많이 알아차리고, 더 강렬하다.

★ 자녀를 도울 수 있는 방법

- 남들 하는 대로 하지 않았지만 성공한 사람들에 대한 책을 같이 읽는다. 유명한 사람들의 전기를 읽으면 그들이 문제를 극복하기 위해 열심히, 힘들게 노력했다는 것을 알게 된다. 또한 그럼으로써 아이 자신의 삶이 좀더 감당할만한 것으로 느껴지게 된다. 발명가였던 조지 워싱턴 카버(George Washington Carver)는 가난한 집에서 태어나 가장 큰 소원이 책을 마음껏 읽는 것이었다. 메리 카사트(Mary Cassatt)는 여자이기 때문에 그림을 그릴 수 없다는 말을 들었지만 결국 유명한 화가가 되었다.

- 아이가 펜팔을 하거나 동호회에 가입하게 도와준다. 체스 동호회, 모형 자동차 동호회, 멘사(Mensa: IQ가 높은 사람들

의 모임) 같은 것을 예로 들 수 있다. 영재교육 기관이나 관련 단체에 문의하면 당신과 같이 영재 자녀를 둔 부모들의 모임 등에 관한 정보를 얻을 수도 있다.

- 아이가 좋아할 만한 토요교실이나 저녁교실에 등록시킨다. 영재 교실을 운영하는 대학교도 있으니 찾아보도록 한다. 그런 곳에 가면 아이가 자기와 비슷한 관심사를 가진 사람들을 만나 교제를 나눌 수 있다.

- 아이와 함께 자원봉사 활동을 한다. 아이와 당신 모두가 가치 있게 여기는 일에 시간과 에너지를 쏟아 보라. 당신과 아이처럼 나눔에 대한 열정을 가진 다른 사람들을 만날 수 있다.

사회적 적응에 있어서 가장 중요한 요인은 바로 아이가 자기 자신에 대해 어떻게 느끼는가 하는 것이다. 자아존중감은 가정에서부터 시작되고, 정서적으로 건강한 가족 안에서 가장 잘 발달한다. 또한 학교의 영재학급에서 공부하면 자아존중감이 더욱 높아질 수 있다.

영재학급은 자아존중감을 키워준다

• "저희 집 아이는 지금 중학교 2학년인데 네 살 때 수학 영재라는 걸 알았어요. 그런데 그 즈음에 아이에게 언어 장애가 있다는 사실도 드러났지요. 하지만 아이가 수학 영재 프로그램에 들어가더니 자신감이 높아졌어요. 자기가 남들보다 잘 하는 영역에서 빛을 발할 기회를 얻었으니까요. 또, '다 잘할 수는 없다'는 태도로 자기의 언어 문제를 좀더 편안하게 받아들이게 됐어요. 중요한 건, 영재성과 학습장애가 한 사람 안에 동시에 존재할 수 있다는 사실을 알아야 한다는 거예요."

• "저희 아들은 초등학교 저학년 때 안 겪어본 문제가 없어요. 다른 아이들이 집적거리고 괴롭히고 놀리고 그랬거든요. 하루는 운동장에서 두들겨 맞고 오기도 했어요. 뭔가 조치를 취해야 한다는 생각이 들더군요. 그래서 좀 멀긴 하지만, 아이를 영재학교로 전학시켰는데 그러고 나서 아이가 완전히 달라졌어요. 영재 프로그램에서 공부하면서 상처가 치유되어 심리적으로 건강한, 완전히 다른 아이가 됐어요. 자신감도 높아지고 이사소통 기술도 늘었고요. 그 프로그램과 선생님들께 늘 감사드리고 있어요. 저희 아들을 이해하고 아들에게 필요한 것을 주셨으니까요."

아이의 예민함에 대처하기

원래 영재아들은 예민한 경향이 있는데, 그 중에서도 몇몇 아이는 특정 영역에서 특히 더 민감하다. 예민함은 귀중한 특성이다. 좋은 쪽으로 이끌어주면 이런 예민함을 통해 아이가 이타주의와 인류에 대한 봉사정신을 키울 수도 있다. 20세기 폴란드의 정신과의사이자 심리학자였던 다브로스키(Kazimierz Dabrowski)는 이런 예민함과 강렬함을 과흥분성이라는 용어로 표현했다. 그는 어떤 사람들은 보통 사람들에 비해 삶을 더 강렬하게 경험하는 능력을 가지고 태어난다고 믿었다. 영재라고 해서 모두가 과흥분성이 있는 것은 아니지만, 그가 발견한 바에 따르면 보통 사람들보다 영재들 중에 과흥분성을 가진 사람이 더 많았다. 다브로스키에 의하면 과흥분성을 가지고 태어난 아이는 자극에 대한 감수성이 높고 그에 대한 반응도 강하다. 이런 아이들은 더 예민하고, 더 많이 알아차리고, 더 강렬하다.

다브로스키는 과흥분성을 다섯 가지 유형으로 분류했는데, 신체적 과흥분성, 감각적 과흥분성, 지적 과흥분성, 상상력의 과흥분성, 정서적 과흥분성이 여기에 해당된다. 흔히들 과흥분성을 부정적인 행동이나 문제에 연관시키지만, 과흥분성에는 긍정적인 측면도 있다. 기쁨, 아름다움, 감수성, 창의성, 공감능력이 바로 그것이다. 교육 컨설턴트인 새런 린드

(Sharon Lind)는 과흥분성에 수반되는 긍정적 측면의 중요성을 강조하였다. 또한 부모들이 다음과 같은 전략을 통해 자녀의 그런 긍정적 측면을 강화해줄 것을 권장하고 있다.

신체적 과흥분성

신체적 과흥분성을 가진 아이는 활동적이고 정력적이다. 이런 아이는 움직이는 것 자체를 좋아하고 에너지가 남아돈다. 이런 아이는 뭔가를 강렬하게 느끼면 강박적으로 끊임없이 재잘거리기도 한다. 또 어떤 아이는 특이한 행동을 하거나 유난히 가만히 있지를 못한다. 이런 과흥분성은 비행과 거친 행동, 손톱을 물어뜯는 등의 신경증적 습관이나 틱(tic : 안면·혀·사지 등의 근육에 갑자기 불수의적인 빠른 수축이 일어나 불규칙적인 간격으로 반복되는 현상 – 옮긴이), 또는 충동적인 행동의 형태로 나타나기도 한다. 강박적으로 뭔가를 정리하고 체계화하는 행동, 경쟁심, 일중독의 형태로도 나타날 수 있다. 이런 아이는 맹렬한 활동을 통해 성장하지만 주변 사람들로서는 그것이 감당이 안 될 수도 있다. 부모와 교사는 이 아이가 자리에 앉아서 조용히 있기만을 바란다. 신체적 과흥분성을 가진 아이들 중 일부는 주의결핍 과잉활동장애(ADHD)로 오진 받기도 한다.

자녀에게 이런 특성이 있을 때 어떻게 하는 것이 좋을까?

아이의 생활 속에 활동과 움직임을 위한 시간을 만들어 주도록 하라. 아이가 이것저것하며 움직일 수 있게 해 주어야 한다. 또, 시간을 정해 두고 아이가 학교에서 있었던 일과 집에서 한 일에 대해 이야기를 나누도록 하라.

감각적 과흥분성

감각적 과흥분성을 가진 아이들은 시각자극, 냄새, 소리, 촉각, 맛에 민감하다. 이런 아이는 감각 경험에 대해 큰 쾌감이나 큰 불쾌감을 표시하고, 고통이나 감정도 남들보다 강하게 느낀다. 어린 나이에 미술, 음악, 언어를 이해하고 감상하는 능력을 드러내기도 한다. 이런 아이는 오감(五感)을 즐긴다. 그래서 엄마가 버리고 싶어 하는 낡은 담요를 항상 끼고 다니며 거기 달린 리본이 닳아 없어질 때까지 만지작거린다. 또, 그 친숙한 냄새를 좋아해서 엄마가 그 꼴 보기 싫은 담요를 세탁하는 것을 싫어한다.

영재아들은 때때로 너무 많은 감각이 동시에 밀려들어와 각각의 감각을 구별하는 데 곤란을 겪는다. 이런 민감함 때문에 아이가 혼란에 빠질 수도 있다. 감각적 과흥분성을 가진 아이들은 긴장했을 때 과식을 하거나 물건을 마구 사거나 주목을 끌려 하거나 자극을 피하기도 한다. 이런 아이는 모직 옷이 너무 따갑다며 불평을 하기도 하고, 옷 안쪽의 상표 때문에 아프다며 상표를 떼어 달라고 하기도 한다. 양말에 잡힌 주름도 마찬가지다. 이런 아이는 대개 자기가 제일 좋아하는 '느낌이 좋은' 옷이 있고 계속 그 옷만 입고 싶어 한다. 교실의 소음, 식당의 음식 냄새를 거슬려할 수도 있다. 음악이나 미술 작품에 푹 빠져서 다른 것에는 전혀 신경을 쓰지 않기도 한다.

자녀에게 감각적 과흥분성이 있을 때에는 가급적 불쾌한 자극을 없애고 편안한 환경을 만들어 주어야 한다. 또, 아이가 아름다운 것들을 즐길 수 있는 시간을 만들어 주는 것이 좋다. 아이와 함께 무지개나 저녁놀을 보고, 빗소리를 듣고, 눈송이가 떨어지는 것을 보도록 하라. 같이 고전 음악을 듣고, 극장에도 가보라. 영화 같은 장면을 직접 연출해서 아이에게 주인공이 된 듯한 기분을 느끼게 해 주도록 하라. 함께 정원을 산책하거나 욕조에 향기 나는 거품비누를 풀어주는 것도 좋다.

지적인 과흥분성

지적 과흥분성을 가진 아이들은 믿을 수 없을 정도로 활기찬 정신의 소유자들이다. 이런 아이는 열성적으로 질문하고 관찰하고 책을 읽는다. 이런 아이는 진리를 알고 싶어 한다. 집중력, 깊이 사고하는 능력, 문제 해결 능력이 남들보다 뛰어날 수도 있다. 운동장에서든 아니면 더 큰 세상에서든 간에 이 아이는 항상 공정성과 도덕성을 중요시한다. 그리고 연륜에서 오는 지혜를 가지지 못한 채 어른들의 문제를 걱정한다. 길에 있는 노숙자는 어쩌지? 우리 집 남는 침대에서 자면 안 될까? 에이즈 문제는 어떻게 해야 되지? 가난은? 전쟁은? 환경 문제는? 이런 아이는 이야기를 못 따라오는 사람이나 아이 자신이 보기엔 몹시 중요한 문제인데 그것을 해결하지 않는 사람들을 못 참아하고 비판한다. 이런 아이는 잔인할 정도로 솔직할 수도 있다. 때로는, 뭔가를 배우는 데에서 오는 흥분과 조바심 때문에 교실에서 불쑥불쑥 답을 앞질러 말해버리기도 한다.

지적 과흥분성을 가진 아이들은 대개 또래보다 일찍 자기 자신에서 외부로 관심을 돌려 세상을 바꾸는 일에 관심을 가진다. 어떤 열 살짜리 여자아이는 매일 밤 처음 본 별에다가 소원을 빌기를 좋아했다. 그런데 이 아이는 장난감이나 옷을 소원으로 빈 적이 거의 없었다. 이 아이가 열렬히 소원한 것은 전 세계의 평화였다. 또한 이 아이는 인구과잉이 지구의 심각한 문제라는 사실을 알고 있었을 뿐더러 그 문제에 대해 토의할 수 있는 능력까지 갖추고 있었다.

자녀에게 지적 과흥분성이 있는 경우, 부모는 아이가 머릿속의 관심사를 실천에 옮기도록 도와주는 것이 좋다. 즉, 편지 쓰기, 노숙자쉼터에 옷이나 음식 기부하기, 캠페인 벌이기, 사회 운동 참여하기 등을 통해 걱정을 행동으로 바꿈으로써 아이가 자기도 누군가를 도울 수 있다는 것을 알게 해야 한다. 부모 자신이 커다란 문제에 대한 해답을 찾는 모습을 보여줌으로써 아이에게 그 방법을 보고 배우게 하는 것도 좋다. 아이가 정보의 신뢰성을 평가하고 새로운 정보를 분석, 사용하도록 격려하라. 상대방의 기분이 상하지 않게 이야기하는 요령과 외교술도 가르쳐 주어야 한다. 이 아이의 지나친 솔직함이 다른 사람들에게는 너무 비판적이고 무자비하게 느껴질 수 있다. 그러므로 정중하게 반대 의견을 내놓는 법을 연습시키도록 하라.

상상력의 과흥분성

상상력 측면에서 과흥분성을 가진 아이들의 머릿속은 풍부한 상상으로 가득 차 있다. 이런 아이는 이미지, 인상, 은유를 좋아한다. 그리고 새로운 것을 고안해내고, 구체화하고, 꿈꾸고, 머릿속에서 생생하게 그리는 능력을 가지고 있다. 이런 아이는 이야기를 생생하게 만들기 위해서 사실과 허구를 섞기도 한다. 또한, 상상의 놀이친구를 통해 자기만의 세계를 만들기도 한다. 이런 아이는 따분함에서 벗어나기 위해 드라마를 만들어낸다. 사실만을 다루는 딱딱한 수업 시간에 이 아이가 주의를 집중하기는 거의 불가능하다. 이런 아이는 교실에서 주어진 일을 하거나 일상적인 학급토론에 참여하는 대신 이야기를 지어내거나 그림을 그리거나 딴생각에 빠지기도 한다. 또, 「해리 포터」 같은 판타지 문학을 좋아하기도 한다.

사실과 허구를 혼동하는 아이들은 새로운 정보가 들어오면 그것을 창의적인 아이디어와 섞어버리는 경향이 있어서 나중에는 어디까지가 사실인지 구분하지 못할 때도 있다. 이런 아이에게는 사실이 허구와 섞이기 전에 사실만을 따로 써 놓게 하면 도움이 된다.

부모는 이런 아이가 자신의 상상력을 현실적인 문제 해결에 사용하도록 격려해야 한다. 남들이 보지 못하는 것을 보는 능력을 잘 사용하면 학습 효과와 생산성을 높일 수 있다. 아이가 생각을 체계적으로 정리하는 법을 터득하게 도와주도록 하라. 아이디어가 너무 많은 아이에게는 전통적인 방법이 효과가 없을 때가 있다. 문제해결을 위한 아이 자신의 아이디어들을 일기나 테이프나 비디오에 차곡차곡 담아 포트폴리오를 만들게 하라. 아이가 공상을 하고 이런저런 아이디어를 떠올리며 즐길 수 있는 시간을 주는 것도 중요하다.

정서적 과흥분성

흔히 부모들이 가장 먼저 알아채는 과흥분성이 바로 정서적 과흥분성이다. 왜냐하면 이런 아이는 강렬하게 느끼고 정서가 극단적이며 감정 표현이 격렬하기 때문이다. 정서적 과흥분성을 가진 아이는 동정심, 감정이입 능력, 감수성이 특별하기 때문에 사람, 장소, 물건에 깊은 애착을 가진다. 이런 아이는 감정에 휩싸인 나머지 숙제나 옷 개기, 쓰레기 내다버리기 같은 일상적인 일에 지장을 받기도 하는데, 이런 때 흔히 다른 사람들은 이 아이가 과잉반응을 한다고, 또는 신파적이라고 여기곤 한다. 뭐든 너무 깊이 느끼다 보니 위통이나 두통, 안면홍조 같은 신체 증상도 생기기 쉽다. 이런 아이는 죽음에 대해 걱정한다. 또, 우울 증상을 경험할 수도 있다. 자신의 감정과 남들의 감정을 정확하게 파악하기 때문에 상대방과의 인간관계가 깊은 것에 대해(혹은 깊이가 없는 것에 대해) 상충되는 감정을 느끼기도 한다. 이 아이들은 요구가 많고 같이 살기 까다로운 아이들이다.

부모는 정서적 과흥분성을 가진 자녀가 자신의 감정을 받아들이도록 도와줄 필요가 있다. 우선, 아이의 말을 잘 들어줌으로써 아이가 감정을 발산하게 해 주어야 한다. 감정의 강도에 상관없이 감정 자체를 인정해주고 문제를 헤쳐 나가도록 도와주면 아이가 건강하게 성장하는 데 도움이 된다. 또, 아이에게 위통이나 두통, 초조함 같은 신체적 경고 신호를 알아차리는 법을 가르쳐야 한다. 여기 나온 방법들을 사용해서 초기에 대처하기 바란다. 시간이 흐르면 문제가 점점 커져 통제 불가능한 지경에 이를 수도 있다. 아이의 반응을 예상하고 그에 대비하는 법을 익히도록 하라. 그러면 당신과 자녀 모두에게 도움이 될 것이다.

과흥분성에 대처하기

- 많은 영재아들은 자기가 또래친구들과 얼마나 비슷한가보다는 얼마나 다른가에 초점을 맞춘다. 이 아이들은 자기가 또래친구들과 같은 인간이라는 사실을 잊고 자기 혼자 소외되어 있다고 느낀다. 자기가 가진 남과 다른 점들을 강점으로 받아들이기보다는 약점으로 받아들이는 것이다. 아이에게 이런 문제가 있을 때에는 가족이 모여 각자 자기에게 어떤 과흥분성이 있는지, 상대방에게는 어떤 과흥분성이 있어 보이는지에 대해 이야기를 나누도록 하라. 자녀가 가진 예민함과 당신이 가진 예민함을 소중히 여겨야 한다. 이런 특별한 성향, 그리고 그것이 유전되는 당신의 가족에 대해 기쁘게 여긴다는 것은 곧 아이의 독특함을 긍정적인 것으로 인정한다는 의미도 되기 때문이다.

- 예민해서 좋은 점에 초점을 맞추어야 한다. 긍정적인 측면을 하나하나 짚어주고, 그런 측면이 있음으로 해서 얻어지는 즐거움에 대해 같이 기뻐해 주도록 하라.

- 아이에게 자기의 열정을 추구할 수 있는 기회를 제공해야 한다.

아이에게 좋아하는 일을 할 시간을 허락하라. 아이의 능력과 흥미를 존중하라.

• 언어적, 비언어적 의사소통 기술을 가르쳐야 한다. 사람은 누구나 자기의 생각을 표현하는 법뿐만 아니라 다른 사람의 말을 잘 듣고 적절하게 반응하는 법을 알아야 잘 살 수 있다. 예의바르게 질문하고 듣고 반응하는 법과 같은 기본적인 예의를 아이에게 가르치도록 하라. 비언어적 의사소통에 대해서도 가르쳐야 한다. 어조, 몸짓, 표정, 자세, 복장 이 모든 것이 의사소통에서 중요한 역할을 한다. 많은 영재아들이 비언어적 의사표현을 알아보지 못해서 상대방의 행동을 잘못 해석한다. 부모는 이런 아이가 자기의 감정과 걱정에 매몰되어버리기 전에 그것을 다른 사람에게 말로 표현하도록 도와주어야 한다. 자기의 감정과 두려움을 상대방에게 털어놓고 나누는 것 또한 의사소통의 일부라는 사실을 강조하라. 또, 의사소통을 잘 하려면 상대방의 말을 잘 들어줘야 한다는 점도 알려줘야 한다.

• 아이 자신이 남들에게 어떤 영향을 미치는지 깨닫게 도와줘야 한다. 이런 아이는 다른 사람이 자기의 행동을 어떻게 받아들이는지에 대해 감정적으로는 충분히 느끼면서도 머리로는 깨닫지 못하기도 한다. 그래서 별 생각 없이 쉽게 남의 말을 끊고 끼어들기도 하는 것이다. 내가 아는 사람 중에 뛰어난 초상화 화가

가 한 명 있는데, 이 화가는 사람들을 볼 때 그 사람의 미간이 너무 좁다든지, 턱이 유난히 길다든지, 코가 얼굴의 균형을 깬다든지, 눈썹이 너무 진하다든지 하는 것들을 바로 알아차린다. 이 사람의 말인즉 자기가 본 바를 설명하면 사람들은 한결같이 "어머, 그런데 너무 안 좋은 면만 짚으시네요."라고 말했다는 것이다. 이 사람이 생각하기에는 자기가 일부러 특별히 비판적으로 관찰하는 것은 전혀 아니었다. 그냥 자기가 사물을 보는 방식이 그런 것일 뿐이었다. 하지만, 이 사람이 자기 생각을 좀 더 요령 있게 표현하면서부터 사회생활에 있어서 스스로도 확연히 느낄 정도로 변화가 일어났다.

• 스트레스 관리법을 가르쳐야 한다. 사람은 누구나 살아가면서 스트레스를 겪기 마련이지만 영재아들은 정신적, 신체적으로 활동과 반응이 더 왕성하기 때문에 스트레스를 더 많이 받기 쉽다. 부모는 이런 자녀에게 우선 스트레스의 신호(두통, 자꾸 왔다갔다 하는 것, 걱정하는 것)를 알아차리는 법을 가르친 다음 대처전략(문제에 대해 다른 사람과 이야기하기, 그림 그리기, 글쓰기, 운동, 명상)을 개발하도록 도와주어야 한다. 아이가 유쾌하게 즐길 수 있는 시간, 그리고 이해심 있고 힘이 되는 친구들과 지낼 수 있는 시간을 만들어 주도록 하라.

• 안전하고 편안한 환경을 만들어 주어야 한다. 심신의 활동이

격렬한 사람에게는 안식처가 필요하다. 어떤 것을 편안하게 느끼는지는 사람마다 다르지만, 대체로 음악, 미술작품, 편안한 옷, 차분한 색조 같은 것이 마음을 가라앉히고 달래주는 효과가 있다.

입바른 소리를 잘하는 아이

예전부터 영재아들은 어리석음을 참아주지 못한다는 말이 있다. 또 이런 아이의 부모 중에도 그런 면에서 아이보다 별로 나을 것이 없는 사람이 꽤 있다. 하지만, 살다보면 옳은 말을 하는 것만이 능사가 아닐 때도 있다는 사실을 배워야 한다. 예의를 지키기 위해서는 입을 다물어야 할 때도 있다. 예를 들어, 할아버지께서 평생의 습관으로 인해 어떤 문법이 틀린 말씀을 하실 때 그것을 비판하기보다는 애정 어린 마음으로 받아들이는 편이 좋다.

어떤 영재아들은 또래친구들에게 거부당하면 그것을 어떻게 받아들이고 대처해야 할지 전혀 감을 잡지 못한다. 부모는 자녀에게 원만한 인간관계를 위해 필요한 요령을 가르쳐 주어야 한다. 이것은 아이의 IQ가 아무리 높아도 마찬가지다. 공손하게 자기 소개하기, 감사쪽지 쓰기, 상대방에게 상처를 줄 수 있는 말 삼가기 등, 일상생활에 필요한 기본적인 예의범절을 자녀에게 가르치도록 하라. 때와 장소에 따라서는 질문을 하는 것이 다른 사람들을 불쾌하게 만들 수도 있다는 것을 분명히 알려주도록 하라. 뭔가를 물어보고 싶은데 주변 사람이 그것을 들으면 상처받을 것 같은 경우에는 질문을 적어 두었다가 나중에 물어보라고 가르치도록 하라.

아이가 유난히 비판을 많이 한다면 그것은 아이가 자기 자신에 대해 만족하지 못하거나 자신감이 부족하다는 뜻일 수도 있다. 다른 사람들을 깎아 내리고 잘못을 일일이 지적하는 것이 사실은 자신의 자아존중감을 높이기 위해서 하는 행동일 가능성이 있다. 이 아이가 부모에게 진짜로 하고 싶은 말은 "저를 좀 보고 제가 얼마나 훌륭한지 알아주세요" 일지도 모른다. 부모가 자신의 자녀가 영재라는 사실을 안다고 해서 반드시 그 자녀도 자기가 영재라는 사실을 알거나 믿는 것은 아니다. 사람들한테서 정말 똑똑하다는 말을 수없이 듣는 아이들조차도 자기가 나중에 가짜 영재로 밝혀질까 봐 두려워하는 경우가 많다.

머지않은 장래에(어쩌면 벌써 벌어진 일일 수도 있다) 자녀가 당신의 종교적 신념에 대해 의문을 제기할지도 모른다. 이 아이는 해답을 찾고 있는 것이다. 어쩌면, 달리 믿을만한 신앙을 탐색해 보고 싶어 할 수도 있다. 또, 이런 아이는 부모가 어떤 의견이나 지시를 내렸다고 해서 그것이 자기가 특정 행동을 하거나 특정 믿음을 가져야 할 이유는 될 수 없다고 생각하는 경향이 있다. 예를 들어, 당신의 가족이 매주 법회나 미사, 예배 등에 참석하는데 어느 날 아이가 자기는 이제 안 가겠다고 결심할 수도 있다. 이때 아이의 질문에 귀를 기울이고 솔직하게 대답해 주어야 한다. 대답하기가 쉽지 않겠지만, 최소한 "예배(혹은 법회나 미사)에 참석하는 건 우리 가족이 함께 하는 활동이잖니. 너는 우리 가족의 한 사람이니까 너도 같이 가는 게 중요해. 나중에 네가 나이가 더 들면 그때는 종교 생활에 대해 스스로 결정하게 해 줄게" 정도의 대답만이라도 해 주도록 하라.

영재아들은 세상을 무서운 곳으로 인식하고 때때로 매우 미성숙한 행동을 하기도 한다. 아이로 남아 있으면 안전하다고 생각하는 것이다. 이런 아이에게는 '다 큰' 아이의 역할을 해내는 것이 너무 큰 부담으로 느껴질 수 있다.

어른이 되고 싶지 않다는 한 2학년짜리 영재아는 이렇게 말했다. "집에서 지내는 게 훨씬 쉬워요. 다 해 주잖아요. 집에 있으면 안전해요." 부모가 해야 할 일 중 하나가 바로 자녀가 능력을 계발하도록 격려하고, 자신감을 가지게 도와주고, 아이 자신의 머리로 문제를 해결할 수 있다는 것을 보여주는 것이다.

이런 아이는 문제가 사라지기를 바라거나 문제가 없는 척한다고 해서 나아지는 것은 없다는 사실을 배울 필요가 있다. 부모 입장에서 이런 문제들이 힘겹게 느껴지겠지만 그럴 때 아이의 순수함, 그리고 불의를 참지 못하는 성격을 보며 위안을 얻기 바란다. 그런 것들이 바로 미래의 희망이기 때문이다.

완벽주의로 인해 생기는 문제들

완벽주의라는 것은 모든 것을 완벽하게 한다는 불가능한 목표를 향한 욕구 또는 욕망이다. 영재아들이 겪을 수 있는 가장 심각한 문제 중 하나가 바로 이 완벽주의다. 이런 아이는 자기 머릿속에만 존재하는 이상적인 형태의 성공에 매달리며 그 과정에서 자기 자신과 주변 사람들을 미치게 만든다.

기준을 높게 잡는 것이 나쁜 것은 아니다. 세심한 주의력은 과학적 발견에 필수적이다. 몰입은 탁월함을 이루기 위한 필수 조건이다. 탁월함을 향한 노력은 큰 성취를 낳는다. 하지만, 이런 노력과 완벽주의를 혼동해서는 안 된다. 완벽주의라는 것은 자기 자신에게 현실적으로 달성 불가능한 목표를 부과하는 것으로 당연히 실패가 예정되어 있는 것이고, 또 그로 인해 자기 자신이 무가치하다는 기분을 느끼게 된다. 어떤 영재아들은 마치 실패하면 큰일이라도 날듯이, 그래서 오로지 방법은 완벽해지는 것밖에 없다는 듯이 행동하고, 심지어 실패할 가망성을 떠올리는 것조차 몹시 끔찍해한다. 부모는 아이의 이런 문제를 반드시 짚고 넘어가야 한다. 실제로 드러난 증거들이 모두 아이의 높은 잠재력과 성공을 가리키고 있는데도 아이 자신은 자기가 주변 사람들 눈에 실패자로 비치고 있다고 느낀다면 이것은 위험하다.

왜 완벽주의가 그렇게 나쁜가? 우선, 완벽주의자들은 자기가 완벽해야 된다고 느끼는데, 그 때문에 새로운 경험을 피하려 들 수 있다. 자신의 결함이 드러날 만한 상황을 피하는 것이 우선이다 보니 스스로 선택의 폭을 좁히는 결과가 되는 것이다. 이런 아이가 가진 엄청나게 높은 기준에서 보자면 모든 새로운 시도는 곧 실패를 의미할 수 있다. 그래서 이런 아이는 시도했더라면 얻었을 지도 모르는 것을 시도 자체를 안 해서 놓치고 만다. 이 아이들은 익숙한 것, 손쉽게 할 수 있는 것이 아니면 절대 도전하지 않는다.

완벽주의가 학습부진의 근본원인일 수도 있다. 완벽주의자들은 자신의 눈에 비친 현재의 성취도와 이상간의 격차가 너무 크면 그냥 포기해 버리기도 한다. 그러면 못 한 게 아니라 안 한 거라고 변명할 수 있기 때문이다. 많은 영재아들이 이런 방식을 택하다가 결국엔 학교를 중퇴하기에 이른다.

부모는 이런 자녀에게 뭔가를 배운다는 것은 원래 그 속성상 위험을 감수해야 하는 일임을 가르쳐 주어야 한다. 진정한 배움이라는 것이 항상 첫 번째 시도에서 얻어지는 것은 아니다. 때로는 연습과 시행착오, 반복이 필요하다. 이런 아이들

부정적인 면에 초점을 맞추거나 성장, 발전, 성공의 중요성에 대해 끊임없이 말하는 것은 좋지 않다. 아이에게 압박감을 주기 때문이다.

은 목표를 이루지 못했다는 것은 곧 실패를 의미한다는 잘못된 생각을 가지고 있다. 하지만 목표를 이루지 못한 것과 실패는 다를뿐더러 오히려 그것이 성장의 기회가 될 수도 있다. 아이들로 하여금 안전한 환경 안에서 실패를 경험하게 해 주는 것이 너무나 중요한 것도 바로 그 때문이다. 아이가 완벽주의에 사로잡혀 실패가 예정된 길로 가도록 놓아두면 안 된다. 그 대신, 아이가 능력을 최대한 끄집어내야 하는 상황을 경험하게 해 주고 그 옆에서 아이가 노력하며 배워나가는 데 힘이 되어 주도록 하라. 아이가 한 일과 그 과정에서 생각한 것들을 칭찬해 주도록 하라. 완벽한 성적을 받지 못했더라도 노력해서 뭔가를 배웠다면 그것에 대해 기뻐하라.

위에 나온 대로 아이를 지도할 때 부드럽게 격려하는 태도를 가지도록 주의해야 한다. 한 4학년짜리 여자아이가 성적을 B를 받고는 세상이 끝난 것 같은 기분으로 집에 돌아왔다. 하지만 그 부모는 "왜 A를 못 받았니?"라고 따져 묻지 않았다. 그 대신 이 현명한 부모는 "뭘 배웠니?"라고 물었다.

자녀를 완벽주의의 고통에서 구하기 위해 부모가 해 줄 수 있는 일은 많다. 우선, 부정적인 면에 초점을 맞추거나 성장, 발전, 성공의 중요성에 대해 끊임없이 말하는 것은 좋지 않다. 아이에게 압박감을 주기 때문이다. 어떤 영재아들은 그에 대한 반응으로 쉬운 과제에서 시간을 질질 끌며 더 어려운 과제를 피하려고 한다. 실제로, 일부 완벽주의 영재아들은 일을 너무 느리게 해서 교사와 부모를 화나게 한다. 또 어떤 아이들은 일을 미루면서 시간을 끄는데 이런 행동 역시 실패를 피하려는 마음에서 나온 것이다. 아이의 마음속에 잘 하고 싶은 마음, 일을 망칠까봐 두려운 마음이 있다는 것을 당신이 이해하고 있다는 사실을 아이에게 알려주어야 한다. 그런 다음, 아이가 정서적으로 안정감을 느끼며 새로운 주제와 아이디어를 탐구할 수 있는 집안 분위기를 조성해야 한다. 또, 아이가 계획을 세워 시간을 관리하도록 도와주어야 한다. 힘든 과제가 있을 때 대책 없이 미루다가 벼락치기로 겨우 해서 내는 아이들이 많다. 하지만 과제를 몇 개의 부분으로 나누고 각각의 목표에 대한 현실적인 시간 계획을 세우면 일이 훨씬 수월해진다. 아이에게 이런 방법을 가르치도록 하라.

어떤 영재아들은 자기가 쓴 글씨나 그린 그림이 책에 나온 보기와 다르다는 이유로 계속 종이를 찢어대기도 한다. 이런 아이에게 색칠놀이책은 좋지 않다. 책에 이미 정해진 모양이 나와 있어서 아이의 창의성을 꺾기 때문이다. 이런 아이에게는 실제의 대상을 접하고 그것에서 받은 자기만의 인상을 그리도록 해 주는 편이 낫다. 거장 화가들이 한 가지 같은 대상을 두고 저마다 어떻게 다르게 표현했는지를 아이에게 보여주도록 하라. 창의적인 표현이 얼마나 다양할 수 있는지 아이 스스로 느낄 수 있을 것이다. 부모가 아이의 독특함과 독창성을 높이 사고 있다는 것을 아이에게 더 많이 알려줄수록 아이는 더 자유로운 기분으로 시도할 수 있다.

혹시 자녀의 놀라운 능력에 경외심을 갖고 있는가? 그렇다면 당신은 자신도 모르는 새에 아이의 "더 많이, 더 높이, 더 잘"을 향한 질주를 부추기고 있을지도 모른다. 아이가 해낸 모든 일, 모든 행동을 칭찬함으로써 말이다. 물론 칭찬은 긍정적인 효과를 낼 수 있지만 끊임없는 칭찬은 그렇지가 않다. 때로, 끊임없는 칭찬은 아이에게서 건강하지 못한 반응을 일으킨다.

예를 들어, 아이가 잘 한 일을 일일이 다 칭찬하는 부모가 있다고 치자. 그러다가 어느 날 아이가 한 일을 칭찬하지 않으면 어떻게 될까? 부모로서는 별 생각 없이 그랬을 수도 있지만, 아이는 자기가 한 일이 칭찬 받을만하지 않기 때문에 그런 것이라고 생각할 수도 있을 것이다. 또, 자녀에게 항상 습관적으로 "오늘 참 예쁘네."라고 말하는 부모를 생각해 보자. 얼핏 보면 전혀 문제 될 것이 없어 보인다. 하지만 부모가 날마다 그런 칭찬을 하다가 어느 날 하루 잊어버리고 안 하면 아이로서는 자기 모습에 문제가 있는 것으로 받아들일 것이다.

영재아들은 대부분의 일을 잘 하기 때문에 그 부모가 별 생각 없이 칭찬하는 습관에 빠지기 쉽다. 하지만 그 결과 아이는 계속 잘 해야 된다는 압박감을 느끼게 되고, 또 언제까지나 계속 잘 할 수는 없을 거라는 두려움을 가지게 된다. 칭찬을 지나치게 많이 듣는 사람들은 사람들이 자기를 소중하게 여기는 것은 단지 자기가 이룬 일 때문이지 자기 자체를 소중하게 여기는 것은 아니라고 생각하기도 한다.

그렇다면 이제 칭찬을 하지 말아야 되는 것인가? 물론, 그렇지 않다. 대신, 아이가 한 일의 결과보다는 그 과정에서 들이는 노력을 칭찬하도록 하라. "숙제 할 생각에 신이 나 있구나"라든지 "이 과제를 하면서 재미있는 것들을 그렇게 많이 배우게 돼서 즐겁겠다"같은 식으로 말이다.

지나친 칭찬이 나쁘다고 해서 반대로 아이를 비판해서는 안 된다. 비판은 창의성과 상상력의 적이다. "그러게 내가 뭐랬어?"라든지 "더 잘 했어야지"같은 말이 하고 싶어도 참아야 한다. 그런 말 대신 "이번 일에서 배울 점이 뭘까?"라고 말하는 편이 훨씬 유익하다. 하지만 이때 사실은 "그러게 내가 뭐랬어?"라는 마음을 속에 품고 있으면서 겉으로만 아이를 달래는 식으로 이 말을 해서는 안 된다.

어떤 아이들은 부당한 비판을 들으면 그것을 영원히 잊지 않는다. 나에게도 그런 영원히 잊혀지지 않을 것 같은 기억이 있다. 내가 초등학교 1학년이었을 때 수업 시간에 빨간색 헛간을 그리라고 한 적이 있었다. 나는 비바람에 색이 바랜 헛간을 표현하고 싶어서 분홍색으로 그렸었는데, 그때 선생님이 했던 말이 지금도 기억난다. 선생님은 내가 그린 헛간이 분홍색이기 때문에 다른 아이들 것보다 못 그렸다며 교실 뒤

★ 아이가 한 일의 결과보다는 그 과정에서 들이는 노력을 칭찬하도록 하라.

에 붙여주지 않았다. 내 나름대로는 논리적인 이유가 있었는데도 말이다.

타박하는 말 vs. 긍정적인 말

당신은 아이의 문제나 잘못을 지적할 때 어떤 식으로 말하는가? 건설적인 말을 하는가, 파괴적인 말을 하는가? 아이의 의욕을 북돋우는 말을 하는가, 의욕을 꺾는 말을 하는가? 부모들이 흔히 어떤 말로 아이를 타박하는지, 그리고 그런 말 대신 어떤 긍정적인 말을 해야 하는지가 아래에 나와 있다.

〈이렇게 말하는 대신〉	〈이렇게 말하자〉
• "도대체 이게 뭐야?"	• "네 성적표에 대해 어떻게 생각하니?"
• "나는 너한테 올A를 기대하는데."	• "새로운 걸 뭔가 좀 배웠니? 이번 학기에 한 것 중에 뭐가 제일 힘들었니?"
• "왜 그걸 제대로 못해?"	• "너는 ~를 잘하지."
• "너는 아직도 ~를 못 하는구나."	• "~가 정말 많이 나아졌네."

- "왜 너는 한번도…?"
- "가서 찾아봐."
- "멍청한 짓을 했구나."
- "네가 나이가 몇 살인데 아직도 그런 짓을 하니?"
- "그걸 아직도 하고 있니?"

- "네가 ~하는 게 참 좋더라."
- "같이 찾아보자."
- "실수를 한 거구나. 그 일을 통해서 뭘 배웠니?"
- "네 기분을 이해해."
- "계속 해. 정말 열심히 하고 있구나. 끈기 있게 노력하는 사람은 결국 보상을 받는단다."

어떤 영재아들은 외모에 몹시 신경을 쓴다. 아주 어린 영재아들조차도 머리 모양이 마음대로 안 된다고 엄청난 스트레스를 받기도 한다. 이런 아이들은 자기의 이미지가 최대한 완벽하기를 원한다. 완벽한 모습을 보이면 실제로 완벽한 사람이 될 지도 모른다고 믿기 때문이다.

어떤 영재아들은 완벽주의로 인해 시험 전에 극도로 불안해한다. 시험을 망치면 자기가 그 동안 다른 사람들이 생각했던 것만큼 똑똑하지 않다는 사실이 들통 날 거라고 생각하기 때문일 것이다. 즉, 이런 아이는 사람들이 자기를 가짜 영재로 보게 될까봐 두려워한다. 이런 아이는 사소한 실수도 실패로 여긴다.

아이가 완벽주의의 함정에 빠지지 않도록 돕는 한 가지 방법은 집과 학교에서 너무 쉽지도 너무 어렵지도 않은 과제를 주는 것이다. 너무 쉬운 과제를 주면 일을 대충 하는 습관이 생길 수 있고, 다른 일도 모두 쉬울 것이라는 잘못된 생각을 가지기 쉽다. 일부 영재아들이 고등학교까지는 별로 힘들이지 않고 쉽게 다니다가 대학교에 가서 성적 불량으로 퇴학당하는 것도 바로 이 때문이다.

반면에, 너무 어려운 과제, 혹은 뭘 어떻게 해야 하는지가 분명하지 않은 과제를 주면 아이가 그냥 포기해버리는 수가 있다. 다른 대부분의 아이들과 마찬가지로, 영재아들 역시 자기 능력 수준보다 약간 높은 수준의 과제가 주어질 때 가장 잘 한다. 약간의 좌절이 있으면 더 노력할 수밖에 없다. 그리고 그렇게 해서 아이들은 자란다.

아이 대신 과제를 해 주는 것도 부모가 삼가야 할 일 중 하나다. 부모가 대신 해 주면 아이는 그것을 자기 혼자서는 제대로 잘 할 수 없다는 의미로 받아들이게 된다. 그래서 지나치게 부모에게 의존적인 아이가 되기도 한다.

때로는, 부모가 차분히 들어주는 것이 이런 완벽주의자 자녀를 위한 최선의 행동이다. 아이가 좌절을 겪고 힘들어하고 있을 때에는 차분하게 한마디 해 주도록 하라. "그걸 완벽하게 끝내고 싶은 거구나."라든지 "정말 애를 많이 쓰고 있구나. 나는 그런 너의 노력을 높이 산단다."같은 식이면 된다.

사람은 누구나 가끔 실패한다는 것, 그러므로 실패해도 괜찮다는 것을 아이에게 부드럽게 일깨워주도록 하라. 최고의 성공을 이룬 사람들의 전기에 늘 관심을 기울이도록 하라. 커다란 성취는 대개 힘든 노력과 실패 다음에 온다는 사실을 아이에게 보여줄 때 도움이 될 것이다. 알고 보면 수많은 발견과 발명이 '실수'에서 나온 것들이다. 당신은 포스트잇, 전자렌지, 다이너마이트, 스테인리스 스틸, 그리고 심지어는 건포도와 커피까지도 모두 실수의 결과물이라는 사실을 알고 있었는가?

예를 들어, 토마스 에디슨은 전구에 쓰기 위해 1500가지 필라멘트를 시험해 본 다음에야 딱 맞는 필라멘트를 찾아낼 수 있었다. 마지막 실험이 끝난 후 한 조수가 이렇게 물었다. "저, 에디슨 선생님, 1500번의 실패라는 기록을 가지게 되셨는데 기분이 어떠세요?" 에디슨은 이렇게 대답했다. "그것들을 실패라고 할 순 없지. 덕분에, 전구에 부적합한 1500가지 필라멘트를 알게 되었지 않나."

부모와 교사가 아이에게 공공연히 부담을 주지 않는다 하더라도 아이는 자기 내면의 스트레스와 긴장으로 여전히 고통받기 쉽다. 완벽주의자 영재아 중 일부는 긴장을 배출할 마

최고의 성공을 이룬 사람들의 전기에 늘 관심을 기울이도록 하라. 커다란 성취는 대개 힘든 노력과 실패 다음에 온다는 사실을 아이에게 보여줄 때 도움이 될 것이다.

땅한 출구를 찾지 못해 궤양, 틱 장애, 신경계 장애 등이 생기기도 한다. 이런 아이에게는 운동, 긴장완화 기법, 명상, 좋은 식사습관, 즐거운 시간, 웃음과 같은 것들이 도움이 된다.

완벽주의자는 실수에 대한 내성이 낮다. 이런 아이는 과제를 끝까지 해낸 것이나 경주를 했다는 사실을 자랑스러워하는 대신, 상을 하나도 못 탔다든지 기록을 깨지 못한 것에만 신경을 쓴다. 부모 자신부터 현실적인 목표를 세우고 아이도 그렇게 하도록 도와줘야 한다. 부모 자신부터 긴장을 푸는 법을 익히도록 하라. 당신이 자신의 실수를 받아들이는 모습을 아이에게 본보기로 보여 주도록 하라. 실수를 한 번 한다고 인생에 큰 문제가 생기지는 않는다는 것을 보여 주도록 하라.

전력투구를 해야 할 때와 신경 안 쓰는 것이 최선인 때를 아이가 구별하도록 도와주어야 한다. 어떤 일들은 굳이 잘 할 필요가 없다. 그냥 하기만 하면 되는 일상적인 일들이 그렇다. 나한테는 먼지 터는 일이 그런 일 중의 하나다. 먼지 쌓인 집에서 사는 것을 좋아하지는 않지만 아무리 자주 먼지를 털어도 탁자 위에 또 먼지가 보이기 마련이다. 청소를 매주 하긴 하지만, 나의 삶에는 다른 더 중요한 일들이 있다. 나는 내 아이들에게도 같은 식으로 생활에서의 우선사항을 정하도록 가르친다. 자녀가 자신에게 진짜 중요한 것이 무엇인지를 결정하고 그것에 집중하도록 도와주어야 한다.

가장 중요한 것은 부모 자신이 완벽주의에 얽매이지 않는 행동을 함으로써 아이에게 본보기가 되는 것이다.

예를 들어, 손님이 오기 전에 집을 청소할 시간이 없으면 잠시 마음이 불편할 수 있다. 하지만 그것이 생명과 관계되는 위기는 아닌 것이다. 가정이나 직장에서 실수를 했을 때에는 그것에 대해 드러내놓고 이야기하도록 하라. 그럼으로써 아이는 실수를 해도 세상이 끝나는 것이 아니라는 사실을 알게 된다. 큰 것이든 작은 것이든 간에, 실망과 실패는 인생의 자연스러운 한 부분이다. 그리고 우리는 그런 것들을 통해 하나씩 배워나간다.

이런 때는 걱정해야 한다

지금 아이의 문제가 심각한 수준인지, 그래서 외부의 도움을 요청해야 할 때인지를 어떻게 판단할 수 있을까? 때로는 상담 교사나 심리치료사, 혹은 비슷한 경우를 다뤄 본 다른 전문가를 찾아가는 것이 큰 도움이 된다. 하지만, 지금 아이가 곧 지나가기 마련인 일시적인 현상을 겪고 있는 것인지, 아니면 문제가 너무 오래되어 심각해진 상태인지 판단하기가 어려울 때도 많다.

교사의 의견에 귀를 기울이도록 하라. 자녀에 대한 긍정적인 말과 부정적인 말 모두를 들을 마음의 준비를 하고, 자녀의 행동을 합리화하거나 변호하지 않도록 하라. 학교 당국자들이 종종 불평하는 것 중의 하나가 바로 학부모들이 눈앞에 빤히 보이는 문제를 부인한다는 점이다. 정확한 기록이 있으면 아이의 문제를 해결하는 데 큰 도움이 된다. 학교와 가정 양쪽에서 아이의 문제 행동과 그 시간, 장소를 기록해 놓아야 한다.

10가지 경고 신호

아이의 생활에서 뭔가 정상 범위를 벗어나는 일, 그러니까

지금이든 나중이든 진짜 심각한 문제를 일으킬만한 일이 일어나고 있을 때 그것을 어떻게 알 수 있을까?

경계해야 할 몇 가지 위험 신호가 아래에 나와 있다. 이 신호를 무시해서는 안 된다. 문제에 일찍 대처하지 않으면 나중에 감당 못 할 정도로 문제가 커질 수 있다. 혹시 나중에 가서 아무것도 아닌 일에 걱정한 것으로 밝혀지면 그냥 안도의 한숨을 쉬면되는 일이다.

1. 스스로 자기를 고립시킨다.

아이가 계속해서 부모와 나머지 가족, 심지어 친하게 지내던 친구까지 포함해서 모든 대인접촉을 피한다면 그때는 진짜로 걱정을 해야 한다. 아이들이 오랜 시간 자기 방에 틀어박혀 지내는 것은 정상적이다. 그것은 대개 친구들과 전화로 사적인 이야기를 나누느라 그러는 것이기 때문이다. 하지만 만약 자녀가 거의 대부분의 시간을 혼자 지내는 것으로 보인다면 그것은 경고신호로 받아들이고, 원인을 찾아보도록 하라. 그리고 컴퓨터와 텔레비전을 가족이 공동으로 사용하는 공간에 둠으로써 아이가 자기 방에 틀어박힐 또 하나의 구실을 주지 않도록 하라.

2. 지나친 완벽주의

만약 아이가 자기가 완벽하게 할 수 있는 일만 좋아하고,

작은 모험이나 새로운 시도조차 꺼려한다면 그것은 그냥 두어도 될 수준의 완벽주의가 아니다. 또, 일을 쉽게 포기하고 아무 것도 시도하지 않으려 하는 아이에게도 주의가 필요하다. 이런 아이는 실패에 대한 공포 속에서 살기 때문이다. 어느 쪽이 되었든 간에, 이 아이는 몹시 괴로운 상태이기 때문에 도움이 필요하다.

3. 깊은 무력감

사람은 누구나 세상에 대해, 자기에게 일어나는 일에 대해 스스로 어느 정도 영향력을 가지고 있다는 느낌을 필요로 한다. 자기가 완전히 무력하다고 느끼는 영재아는 그와 동시에 고통과 분노를 느낀다. 이런 아이는 자기가 어른들의 일이나 세상에서 벌어지는 일들에 아무 영향도 미칠 수 없다는 확신을 가지게 되면 무력감과 무가치함을 느낀다. 그리고 그에 대한 반발로 부정적인 태도를 갖거나 숨은 분노를 키우거나 남들에 대한 험담이나 비방을 하기도 한다. 또, 어른들과 기성 사회에 대한 불신을 키울 수도 있다.

4. 지나치게 폭력에 매료된다.

폭력은 우리 문화에서 흔히 미화된다. 대중매체 덕분에 우리는 지난 세대가 경험했던 것과 다른 방식으로 세상에서 벌어지는 일들 앞에 노출된다. 똑똑한 아이들은 세상에서 벌어지는 잔학한 일들에 대해 알고 있다. 그리고 폭력을 직접 눈으로 보기도 하는데, 이 직접 보는 폭력의 양만해도 아이가 이해하고 처리할 수 있는 수위를 한참 넘을 수 있다. 거기에 텔레비전, 영화, 컴퓨터게임, 비디오게임 같은 것들로 인해 아이는 더욱 더 빈번하게 폭력에 노출된다. 어떤 아이들은 눈길을 딴 데로 돌려버리지만, 어떤 아이들은 그 폭력에 매료된다.

돈(Don)의 사례가 바로 그런 경우다. 돈은 체험을 통해 배우는 타입의 영재아였다. 그래서 그 부모는 아이의 끊임없는 의문과 실험에 익숙해져 있었다. 하지만 언젠가부터 죽은 동물을 해부용으로 들고 오기 시작했고, 얼마 후에 돈의 부모는 아이의 변화를 알아차렸다. 돈은 처음에는 순수한 과학적 호기심에 이끌려 행동했었다. 하지만 점차 이 아이의 흥미는 기괴하게 비틀려갔고 급기야는 동물의 몸 일부를 잘라내고 고문하기에 이르렀다. 동물을 잔인하게 다루는 행동은 심각한 경고 신호이다.

바바라 커(Barbara Kerr)와 샌포드 콘(Sanford Cohn)은 「영리한 소년들(Smart Boys)」이라는 책에서 폭력적인 문화로 인해 영재들의 정신적 예민함과 강한 소외감이 합쳐지면 매우 불안정한 상태가 된다고 설명하며 다음과 같은 사례를 들었다. "1999년 콜로라도주 컬럼바인 고등학교에서 딜런 클레볼드와 함께 교사와 학생들을 총으로 쏴 죽였던 에릭 해리스는 수학 우등생이었다. 대부분의 고등학교에서 그렇듯이 컬럼바인 고교의 아이들 사이에서도 튀지 말아야 한다는 압력이 강했다. 에릭은 다른 아이들에게 괴짜로 알려져 있었고, 자신의 그런 평판을 싫어했다. 이 아이는 매체에서 폭력을 접했고 점차 폭력에 몰두하며 많은 시간을 보내게 되었다. 또, 백인지상주의를 다룬 글들에 매료된 후에는 자신의 뛰어난 머리를 십분 활용해 그 철학을 연구했고, 동시에 살상 도구를 만드는 일에도 몰두했다." 유나바머(Unabomber)라는 이름으로 흔히 알려져 있는 테드 카진스키는 수학 천재였는데, 청소년기에 직간접적으로 가혹한 처벌과 비판을 경험한 적이 있었다. 그는 우편물 폭탄이라는 테러 수단을 만들어냈고, 그 결과 18년 동안 3명이 목숨을 잃고 23명이 부상을 당했다.

5. 섭식장애

일반적으로 우리 사회에서는 마른 것을 아름답다고 여긴다. 그러므로 특히 여자아이들이 왜 날씬한 몸에 집착하는지를 이해하기란 어렵지 않다. 많은 여자아이들이 체중이 0.1kg만 늘어도 자기의 매력이 줄 것이라고 두려워하고, 그중 일부는 도가 지나쳐 자기 자신을 아사 직전 상태로까지 내몬다. 이런 장애를 신경성 식욕부진증이라고 한다. 실제로 꽤 날씬한 경우에도 이 아이의 눈에는 자기가 뚱뚱하게 비친다. 한때는 신경성 식욕부진증이 주로 여자한테 생기는 문제라고 여겼었지만, 이제는 이 장애로 진단 받는 남자아이도 점점 늘어나는 추세다. "신체상태가 최상인 사람은 뚱뚱하지 않다"라는 생각을 가진 운동선수, 혹은 "뚱뚱하면 날렵할 수 없다"라는 사실을 아는 스키선수는 섭식장애의 유혹에 넘어가기 쉽다.

앤의 사례를 보자. 앤에게는 날씬한 언니가 있었는데, 이 언니는 공부도 잘 하고 교내활동도 열심히 하고 학교축제 때는 여왕 후보에 오르기도 하는 팔방미인이었다. 앤은 자기도 언니 같은 사람이 되기를 바랐다. 앤 역시 공부 잘 하는 성실한 학생이었지만 이 아이는 자기를 긍정적인 시각으로 보지 않았다. 앤은 열네 살에 43kg로 균형 잡힌 몸을 가지고 있었음에도 불구하고 자기가 뚱뚱하다고 생각했다.

결국 앤은 '안 먹으면 안찌겠지' 라는 생각으로 다이어트를 결심했다. 하지만 이내 살이 안찌는 것만으로는 만족할 수 없게 되었다. 살을 빼고 싶어진 것이다. 앤은 자기가 살을 빼면 남들이 자기를 더 좋아하게 될 거라고 확신했다. 살은 기대만큼 빨리 빠지지 않았고, 앤의 부모는 밥을 안 먹는 아이 때문에 당황해했다. 결국 앤은 부모의 강요로 밥을 먹게 되었지만 나중에 화장실에 가서 다 토해내곤 했다. 심지어는 폭식을 하고 나중에 토해내기도 했는데, 이것은 신경성 폭식증의 전형적인 증상이다.

팀의 경우는 이와 반대라 할 수 있다. 팀은 뭔가 계속 먹지 않으면 못 견디는 아이였다. 완벽한 신체 이미지를 추구하며 굶는 대신 음식에서 위안을 찾음으로써 세상으로부터 자신을 지키려 한 것이다. 이 아이는 도넛 10개와 피자 한 판, 1.5리터짜리 콜라 두 병을 먹어치운 후에야 자기가 얼마나 먹었는지를 깨닫곤 했다. 뿐만 아니라 자기 방, 배낭, 사물함에 음식을 감춰 놓기까지 했다. 학교 점심시간에 먹는 데만 집중하다 보니 자기가 항상 혼자 점심을 먹는다는 사실조차 의식하지 못했다.

자녀에게 섭식장애가 있을 때 그것을 부모 자신의 탓으로 돌릴 필요는 없다. 하지만 아이가 섭식장애를 극복하는 과정에서는 부모의 역할이 아주 크다. 또한, 문제 예방에 있어서도 부모의 역할이 작지 않다. 경고신호를 알아보는 것은 필수적이다. 갑자기 체중이 준다든지, 강박적으로 운동에 매달린다든지, 계속 하루에 한두 끼씩 거른다든지, 식사 중이나 식사 후에 화장실로 사라진다든지 하는 뚜렷한 경고신호를 부모가 알아차렸을 때에는 이미 문제가 심각해진 상태일 수도 있다. 제때에 효과적으로 전문가의 도움을 받기 위해서는 조기 경고신호를 알고 있어야 한다.

섭식장애는 음식 자체와는 관계가 없다. 섭식장애는 정서적 문제를 해결하기 위해 음식을 오용하는 데에서 생기는 문제다. 부모는 먹는 것과 직접적인 관계가 없는 아이의 정서, 행동, 태도상의 조기 경고신호를 알아볼 수 있어야 한다. 섭식장애의 조기 경고신호는 크게 다음과 같은 범주로 나뉜다.

- 자제력이나 자아존중감에 문제가 있다.

- 지나친 행동을 하거나 행동에 융통성이 없다.

- 사고가 이분법적이다.(예를 들어, "날씬하지 않으면 뚱뚱한 것이다.")

- 스트레스에 잘 대처하지 못한다.

- 피로, 우울, 의욕 상실, 대인기피 등의 증세를 보인다.

- 자기의 신체 이미지에 신경을 많이 쓴다.

- 용기 있게, 효과적으로 문제를 해결하지 못한다.

섭식장애를 예방하기 위해 부모가 할 수 있는 일이 있다. 바로, 부모 자신이 집에서 균형 잡힌 식사와 운동을 함으로써 아이에게 본보기가 되는 것이다. 일정한 시간에 식사를 준비하고 가족이 함께 즐겁게 식사를 하도록 하라. 부모 자신의 생각과 감정에 대해 솔직하게 이야기하라. 아이가 먹는 음식에 대해 뭐라 하지 말고 아이의 감정에 관심을 가지고 반응하라. 섭식장애에 대해 가능한 한 많이 공부하고 아이에게도 그것을 가르쳐 주도록 하라.

자녀에게 진짜로 섭식장애가 있는 경우, 부모는 자기 자신과 아이, 도움을 받고 있는 전문가에 대해 현실적인 기대를 가져야 한다. 섭식장애의 치료는 수학 같은 정밀과학과는 달라서 정답이 나오는 공식이 정해져 있지 않다. 가족치료 프로

> 섭식장애를 예방하기 위해서는, 일정한 시간에 식사를 준비하고 가족이 함께 즐겁게 식사를 하도록 하라. 아이가 먹는 음식에 대해 뭐라 하지 말고 아이의 감정에 관심을 가지고 반응하라.

그램에 최대한 열심히 참가하라. 문제에 집중하고 생산적으로 대처할 수 있게 해 줄 목표를 세우도록 하라. 아이와 협력해서 변화를 이끌어내도록 하라. 당신의 자녀는 최상의 도움을 받을 자격이 있다. 아이에게 그런 도움을 주도록 최선을 다하라.

6. 약물 남용

영재아들은 사람들에게 받아들여져야 한다는 압박, 남보다 뛰어나야 한다는 압박, 세상을 변화시켜야 한다는 압박 때문에 보통 아이들보다 더 많은 압박감을 느끼는 경향이 있다. 압박감이 너무 커지면 그것을 해소할 출구를 찾는 것이 당연하다. 건강한 해소법으로는 운동, 명상, 긴장완화 기법 등이 있다. 반면 술이나 기타 약물을 사용하는 것은 건강하지 못한 해소법이다. 영재아들은 술을 마시거나 약물을 사용해도 자기에게는 아무 문제도 생기지 않을 거라고 생각하는 경향이 있다. 자신은 똑똑하니까 약물을 적당히 통제할 수 있다고 생각하는 것이다.

제리는 공부도 잘 하고 친구도 많고 기계체조에도 재능이 있는 아이였다. 여가 시간에는 항상 체육관에서 성실하게 훈련을 하며 기술 연마에 힘썼다. 하지만 중학교에 올라간 후 모든 것이 변했다. 이 학교에는 아는 친구가 거의 없었던 탓에 제리는 소외감을 느꼈다. 어느 날, 담배를 피우는 패거리가 제리에게 담배를 건넸고 제리는 그것을 받아들었다. 체조 훈련에 방해가 되었음에도 불구하고, 이 아이들과 함께 담배를 피우고 있으면 제리는 자기가 중요한 사람인 듯한 기분이 들었다.

차츰 제리는 이 친구들이 마리화나를 피울 때도 끼기 시작했다. 마리화나에서 오는 황홀한 상태는 체육관에서 열심히 훈련하며 얻는 황홀 상태와 비슷했다. 쉽게 얻어진다는 것만이 유일한 차이였다. 제리는 이 쉽게 얻어지는 황홀 상태에 점점 맛을 들였고, 결국 아이에게 뭔가 문제가 있다는 사실을 부모가 알아차리게 되었다. 성적이 급강하했고, 가족 활동을 빠지고 대신 자기 방에서 혼자 오랜 시간을 보내곤 했다. 수업을 빠지고 있다는 사실도 발각되었다. 마침내 제리의 부모는 아들이 약물을 사용하고 있다는 것을 알게 되었고, 전문가에게 도움을 구했다.

7. 자기 자신에게 몰두한다.

나르시시즘은 먼 옛날부터 존재해왔다. 하지만 최근에는 아름다운 외모가 호감과 사랑, 행복을 얻는 확실한 수단이라고 부추기는 매체와 광고의 영향으로 인해 외모에 지나치게 신경을 쓰는 아이들이 늘고 있다.

물론 아이들이 자기 외모에 신경 쓰는 것은 당연한 일이고, 실제로 많은 아이들이 거울 앞에서 많은 시간을 보낸다. 하지

아이가 정상적인 생활에 지장을 받을 정도로 외모에 신경을 쓰거나 오로지 자기 자신에 대한 생각만 하는 것처럼 보인다면 그때는 문제로 보고 진지하게 대응해야 한다.

만, 자녀가 좀 지나친 게 아닌가 의심될 때에는 다른 학부모들과 이야기를 해 보는 것이 좋다. 그 집 아이들은 거울 앞에서 치장을 하거나 옷 걱정을 하며 얼마나 많은 시간을 보내는지 듣고 비교해 보라. 아이가 정상적인 생활에 지장을 받을 정도로 외모에 신경을 쓰거나 오로지 자기 자신에 대한 생각만 하는 것처럼 보인다면 그때는 문제로 보고 진지하게 대응해야 한다.

8. 공상의 세계에 틀어박힌다.

현실 세계가 너무 위협적으로 느껴질 때 영재아들은 간혹 자기만의 공상의 세계에 틀어박히는 일이 있다. 샘의 예를 들어보자. 샘은 몹시 똑똑한 아이로, 어렸을 때에는 끝없는 상상력을 보여주었다. 샘은 다른 아이들보다 더 늦게까지 이의 요정(서양의 민간신화에서는 아이의 빠진 젖니를 베개 밑에 넣어두면 요정이 이를 가져가는 대신에 돈이나 선물을 놓고 간다고 한다 – 옮긴이)을 믿고 흥미를 가졌다.

이 아이는 그 요정이 어디를 어떻게 다니는지, 가장 최근에는 어느 나라에 갔었는지 알고 싶어했다. 이 아이가 만들어낸 창의적인 이야기들은 거의 예술 수준이었다. 샘은 할머니를 아주 좋아했는데, 갑자기 할머니가 돌아가신 후 행동이 변했다. 샘은 상상 속의 친구들에게 말을 하기도 하고 쪽지나 메시지를 남기기도 하며 현실을 도피해 자기 세계에 틀어박혔고, 두통이 생기기도 했다. 할머니의 물건들이 경매로 팔렸을 때, 샘은 거의 신경쇠약 상태가 되어 부모의 걱정을 샀다. 아이의 슬픔은 격렬했고, 또 오래 갔다.

9. 완고하고 강박적인 행동

일부 영재아들은 공부 외에는 아무 것도 하지 않으려 한다. 이런 강박적인 행동양식은 흔히 아이가 자기와 지적으로 이야기를 나눌 사람을 찾기 어려울 때 생긴다. 고도 영재아들은 이웃이나 학교의 대부분의 아이들과 사고가 다른 데다가 사회적 기술도 부족한 경향이 있기 때문에 친구를 사귀는 데 어려움을 겪기 쉽다. 그래서 책에 틀어박히는 쪽을 택하는 것이다.

알리는 어렸을 때 어른들을 놀라게 하는 아이였다. 이 아이는 나이에 어울리지 않는 풍부한 어휘를 알고 있었고, 세 살 때는 이미 혼자 글을 깨친 상태였다. 규칙이나 규정에 부딪히면 변호사처럼 따지고 들었고, 공정성에 의문을 품었다. 또한, 이 아이는 한번씩 성질을 부리거나 감정을 격하게 분출하기도 했다. 학교에 들어간 알리는 반 아이들이 어리석고 무지하다고 생각했다. 반 아이들 눈에는 알리가 자기들을 지배하며 대장 행세를 하려는 것으로 보였다. 알리는 아이들이 무엇을 언제 해야 하는지를 지시하려 들었고, 참다못한 교사는 알리가 아니라 자신이 책임자라는 사실을 일깨워주어야 했다.

> 일부 영재아들은 공부 외에는 아무 것도 하지 않으려 한다. 이런 강박적인 행동양식은 흔히 아이가 자기와 지적으로 이야기를 나눌 사람을 찾기 어려울 때 생긴다.

지나치게 피로해한다든지 유행하는 전염병이나 감기를 늘 달고 산다든지 하는 것은 아이에게 뭔가 문제가 있다는 신호이다. 자녀가 이런 슈퍼맨 타입인 경우, 부모는 아이가 하는 활동의 가짓수를 제한하는 편이 낫다.

이런 행동들이 인기를 얻는 데 도움이 될 리 만무했고, 결국 알리는 책에서 낙을 찾았다. 책은 이 아이의 가장 친한 친구가 되었다.

완고하고 강박적인 행동의 또 다른 유형은 위의 경우와 거의 반대라 할 수 있다. 어떤 영재아들은 뭐든 다 해내는 슈퍼맨 타입으로 지나치게 빡빡한 계획표를 만들어 놓고 늘 바쁘게 지낸다. 이런 아이는 무리할 정도로 과제가 많은 수업을 선택하고, 학교공부나 과외활동의 세세한 부분에도 법석을 떤다. 완벽해지기 위해서다. 부모 입장에서는 아이가 그 모든 활동을 알아서 해낼 만큼 컸다는 것이 고맙게 느껴질 수 있다. 또, 이런 아이는 뭐든 할 수 있고 또 한쪽에 치우치는 일 없이 모든 것을 골고루 잘 하는 것처럼 보이기 때문에 이 아이에게 뭔가 문제가 있다는 생각을 하기는 쉽지 않다.

이런 아이는 최고 수준의 성적을 받고, 운동에서도 두각을 나타내고, 자기만의 취미생활도 있고, 그러고도 시간이 남는지 학교 연극에서 주역을 따낸다. 초인적인 노력은 성공의 원동력이다. 문제는, 이 아이가 너무 일찍 에너지를 소진해버릴지도 모른다는 것이다.

지나치게 피로해한다든지 유행하는 전염병이나 감기를 늘 달고 산다든지 하는 것은 아이에게 뭔가 문제가 있다는 신호이다. 자녀가 이런 슈퍼맨 타입인 경우, 부모는 아이 자신을 위해 아이가 하는 활동의 가짓수를 제한하는 편이 나을 수도 있다. 아이가 하는 활동이나 행동으로만 아이를 평가하지 말고 아이를 한 소중한 인격체로 여기도록 하라.

10. 죽음에 집착한다.

이 경고신호를 무시해서는 절대 안 된다. 통계에 나타난 청소년 자살 및 자살 미수의 증가는 충격적이고 비극적이다. 현재 미국에서는 매년 6천 명의 청소년이 스스로 목숨을 끊고 그 열 배의 청소년이 자살을 기도하는 것으로 추정된다. 자녀의 자살 시도를 쉬쉬하는 가정이 많다는 점을 고려하면 이 수치는 과소추정된 것일 수 있다.

평균 이상의 지능을 가진 사람들의 자살 위험이 전체 인구의 자살 위험에 비해 더 높은 것은 아니다. 하지만 이들은 몇 가지 특성으로 인해 자살 등의 자기파괴적 행동을 할 위험이 높아질 가능성이 있다. 자살을 기도하는 사람들은 거의 예외 없이 우울증에 시달린다. 우울증은 그 원인을 진단하고 치료 전략을 제시할 수 있는 전문가가 다루어야 한다.

지나치게 예민한 사람은 뒤틀린 사고와 성격을 발달시킴으로써 스스로를 고통에 빠뜨릴 수 있다. 또, 지나친 예민함은 절망감, 더 나아가서는 자살 충동의 원인이 되기도 한다. 매우 창의적이고 완벽주의적인 남성이 비관주의적, 강박적 성향을 가지고 있다면 이 사람은 우울 증세를 보일 가능성이 있고, 또 위험한 상태이다. 이런 사람은 자기 자신과 남들에 대한 기대 수준이 너무나 높은 완벽주의자다. 그래서 이 사람 눈에는 실패만이 유독 크게 보이고, 그 때문에 무력감은 더욱 커진다. 그러다가 마침내는 "이렇게 치욕적인 실패를 겪으면서까지 살 가치가 있나?"라는 생각을 하게 된다.

특별히 창의적인 사람은 고립되기 쉽고, 고립감은 우울증으로 이어질 수 있다. 영재들끼리의 인간관계는 유난히 끈끈한 경우가 많다. 영재아들은 어린 나이 때부터 인생의 의미를 알고 싶어한다. 그 해답을 찾을 수 없을 때 절망감이 올 수 있다. 이런 여러 가지 특성으로 인해 영재아에게는 더 많은 도움이 필요하다. 남자아이는 여자아이에 비해 자기가 도움 받을 데가 없다고 믿는 경향이 더 크다.

다음은 곤경에 빠진 십대에게서 나타나는 신호들이다. 자녀에게서 이런 신호가 하나라도 보인다면 즉시 도움을 받도록 하라. 각 지방자치단체에서 운영하는 청소년 상담실이나 생명의 전화 같은 곳을 미리 알아두면 도움이 된다.

- 성격, 행동, 식사습관, 수면습관이 갑자기 변했다.
- 술 혹은 그 외의 약물을 사용한다.
- 계획해 놓은 일에 흥미를 잃어버리고, 가족이나 친구를 멀리하고, 스스로 자기 자신을 고립시킨다.
- 1주일 이상 심한 우울증이 지속된다.
- 자살할 듯한 조짐을 직접적으로 드러내거나 자살 충동을 속으

로 은밀히 감추고 있다.

- 농담처럼이든 진지하게든 자살에 대해 이야기한다.

- 죽음 및 죽음과 관련된 주제에 집착한다.

- 소중히 여기던 물건들을 남에게 준다.

- 인생이 무의미하다고 느낀다.

어떻게 도움을 받나

어떤 때는 몇 차례의 상담이 큰 도움이 될 수 있다. 여러 연구 결과에 따르면 영재아들이 정신건강을 유지하기 위해서는 통상적인 지도보다 더 많은 지도가 필요하다. 유능한 상담가는 아이 자신이 또래들과의 차이점을 이해하고 소중히 여기도록 도와줄 수 있다. 이런 대화만으로도 아이에게는 큰 도움이 된다.

문제가 심각해질 때까지 기다릴 이유가 없다. 많은 경우 상담은 학생들이 정신적으로 건강하고 생산적인 상태를 유지하는 데 도움이 된다. 또, 감당할 수 없는 지경에 이르기 전에 문제를 해결하는 편이 시간과 노력도 적게 든다. 자녀가 학업 문제나 교우관계 문제, 혹은 특별한 스트레스로 어려움을 겪고 있다면 상담가를 찾아가도록 하라. 상담가는 문제를 명확히 볼 수 있게 도와준다. 그러면 문제의 절반은 이미 해결된 것이나 마찬가지다.

자녀에게서 앞에 나왔던 경고 신호 중 하나라도 보인다면 지금 당장 도움을 구하도록 하라. 그런데, 어디에 가야 도움을 받을 수 있을까? 원칙대로라면 초등학교에도 전문 상담가가 있어야 마땅하지만 실제로 그런 학교는 거의 없다. 학생들의 정신건강을 위해 어떤 전문인력과 제도를 갖추고 있는지 자녀가 다니는 학교에 문의해 보라. 학교에 상담 전문 교사가 없거나, 있더라도 상담시간이 너무 제한되어 있어 큰 도움을 기대할 수 없다면 외부에서 도움을 구해야 한다.

아직도 어떤 사람들은 상담 받는 것을 무슨 오점처럼 여기는데, 참으로 안타까운 일이다. 만약 당신의 자녀에게 읽기 장애가 있다면 그 분야의 전문가를 찾아가기를 주저하겠는가? 상담가도 그런 전문가와 똑같다. 상담가 역시 당신의 자녀를 성심껏 도와 줄 수 있는 사람이다.

부모는 자녀를 너무 가까이서 보기 때문에 문제를 정확하게 보지 못할 수 있지만 전문적인 훈련을 받은 외부인은 문제가 무엇인지 파악하고 객관적인 시각을 제공할 수 있다. 또한, 상담가는 당신이 부모로서 잘 하고 있는 건지에 대한 불안을 씻어줄 수도 있고 아이에게 도움을 주려면 뭘 어떻게 바꿔야 할지 제안해 줄 수도 있다. 그리고 자녀 입장에서는, 문제를 파악하고 해결하는 법, 더 나은 선택을 하는 법, 자아존중감을 높이는 법, 자기 자신에 대해 그리고 세상에서의 자기

의 위치에 대해 더 자신감을 가지는 법에 대해 어느 정도 깨

달음을 얻을 수 있다.

상담은 정신과 의사, 심리학자, 가족 치료 전문가 등에게서

받을 수 있다. 이들은 각자 전문 영역도 다르고 그동안 쌓아

온 훈련 및 경험에도 차이가 있다. 상담가를 물색할 때에는

우선 주변 사람들이나 학교의 의견을 들어 보는 것이 좋다.

학교의 상담교사나 영재 프로그램 담당자가 추천을 해 줄 수

도 있다.

첫 상담 약속을 정하기 전에 그 상담자가 당신이 중요하게 생각하는 문제들에 대해 어떤 생각을 가지고 있는지 미리 알아보는 것이 현명하다. 그 상담자는 당신과 가치관이 비슷한가? 영재에 대해서는 어떤 시각을 가지고 있는가? 영재의 특성과 영재성의 의미를 이해하고 있는가? 영재아를 상담해 본 경험이 있는가? 이런 점들을 모두 고려하여 느긋하고, 자신감 있고, 지식이 많고, 이해심 깊은 사람을 찾도록 하라. 당신이 그 사람을 편안하게 느낀다면 아마 당신의 자녀도 그렇게 느낄 것이다.

어떤 전문가는 상담 시간에 가족 전체가 오도록 권하기도 한다. 열린 마음을 가지도록 하라. 가족 전체가 상담을 받는다고 해서 무슨 해를 입는 것도 아닐뿐더러 그렇게 하면 거의 확실히 도움이 된다. 어떤 아이들은 가족이 같이 있으면 상담받는 것에 대해 좀 더 편안하게 느끼기도 한다. 한편, 십대들은 흔히 부모가 옆에 있으면 말을 적게 하는 경향이 있다. 그래서 상담자들은 대개 처음 몇 회의 상담 시간에는 아이와 단둘이서만 이야기하며 신뢰를 형성하고, 그 후 모두가 동의할 때 가족을 참가시킨다.

가장 중요한 것은, 아이가 함께 있으면서 안전하다고 느낄 만한 사람을 고르는 것이다. 그런 사람을 상담자로 골랐다면 진정한 도움을 기대해도 된다. 그리고 오래지 않아 가족 모두가 그 효과를 느낄 수 있을 것이다.

자녀를 돕기 위해 할 수 있는 일

• 영재아의 특성과 요구, 그 외의 중요한 정보에 정통한 사람이 되도록 하라.　　영재아는 다른 아이들과 다르다. 그래서 사람들에게 거부당하기도 하고 거부당했다고 느끼기도 한다. 당신이 아이의 성적과 능력보다는 아이 자체를 존중하고 소중히 여긴다는 것을 보여 주도록 하라. 아이가 어떤 일을 하며 애쓸 때 지지해 주도록 하라. 늘 변함 없이, 솔직하게 대하라. 아이에게 시간을 주도록 하라. 무리한 계획표를 짜서는 안 된다. 비슷한 흥미나 취미를 가진 아이들과의 교제를 장려하라. 아이와 대화하며 잘 들어 주도록 하라. 이 아이들은 공감과 친밀감을 필요로 한다. 그것을 얻지 못하면 조용히 속으로만 고통스러워하다가 결국 분노와 좌절감을 부정적인 방식으로 표출할 수도 있다.

• 교사와 상담교사들에게 영재 학생의 지적, 사회적, 정서적 특성에 대해 교육을 받을 것을 요구하라.　　영재아에 대한 학교측의 이해와 노력이 뒷받침된다면 그 학교의 영재 학생들에게 적합한 교과과정을 운영할 수 있을 것이다. 그렇게 한다면 학교는 영재아들을 구속하고 스트레스를 주는 장소가 아니라 창의적인 문제 해결을 위한 장소, 그리고 다양한 배움을 실험하는 장소가 될 수 있다.

• 영재아들이 적절한 교육 서비스를 받을 수 있도록 적극적으로 목소리를 내고 행동하라.　　학교의 영재 프로그램 도입 및 개선을 적극적으로 지지하며 돕도록 하라. 모든 영재아들이 적절한 교육 서비스를 받을 수 있도록 법을 바꾸기 위해 노력하라.

제5장

영재 프로그램 계획

우리는 너무나 자주 아이들에게 풀어야 할 문제를 주기보다는
기억해야 할 답을 준다. - 로저 레윈(Roger Lewin)

영재아의 교육적 요구를 충족시키려면 어떻게 해야 하는가?
학부모는 자녀의 학교에서 운영하는 영재 프로그램에 어떤 영향을 줄 수 있는가?

마이클이 유치원 교실로 통통 뛰어 들어왔다. 그리고 아이들
의 위치를 정해 주고는 놀이를 주도하기 시작했다. 이 아이는
항상 반을 통솔하기를 좋아했다. 또, 수업 시간에는 불쑥 불
쑥 답을 앞질러 말하고 교사의 실수를 정정해 주고 다른 아이
들에게 이래라 저래라 하곤 했다. 결과적으로 교사에게는 달
갑지 않은 존재였다. 에너지가 넘치다 보니 가만히 앉아 있지

영재아들은 대개 보통 아이들과 배우는 방식과 속도가 다를 뿐만 아니라, 영재아들끼리도 서로 다르다. 학교에서 따분함과 좌절감을 느낀 영재아들은 정신적, 신체적, 정서적 중퇴자가 될 위험이 있다.

도 못했고, 수업 시간에 집중하지 못하고 교실 분위기를 흐리는 행동을 했다. 교사가 보기에는 다시 유치원을 일 년 다니며 사회성을 배워야 할 듯했지만, 마이클의 부모는 아이가 영재일지 모른다고 생각했다. 이 부모의 정중한 요청에 따라 검사가 이루어졌고, 그 결과를 보고서야 교사는 마이클에게 특별한 잠재력이 있다는 사실을 알게 되었다.

특별 프로그램도 교실에서의 배려도 거의 없는 상황에서 영재아들은 흔히 다른 아이들이 이해할 때까지 기다리는 동안 자기 나름대로 재미를 찾아야 한다. 어떤 영재아들은 교실의 낮은 기대수준에 자기를 맞춰 버리고, 그 결과 능력을 최대한으로 활용하지 못하게 된다. 반면에 어떤 영재아들은 자기 능력을 사용할 길을 찾아본다. 영재아라고 해서 모두 적절한 목표를 찾아 능력을 발휘할 수 있는 것은 아니다. 학교 수업이 이 아이들의 흥미와 능력을 충분히 자극하지 못할 때에는 백일몽에서 등교 거부에 이르기까지 다양한 문제를 일으키기도 한다.

연구 결과에 따르면, 영재아들은 대개 보통 아이들과 배우는 방식과 속도가 다를 뿐만 아니라 영재아들끼리도 서로 다르다. 이 아이들은 각자 능력과 흥미가 다른 개별적인 존재들이다. 언어 영역에서는 뛰어나지만 수학 문제를 풀 때는 남들 두 배가 걸리는 아이도 있을 수 있는 것이다. 표준 교과과정은 이 아이들의 교육적 요구를 충족시키지 못한다. 영재교육의 목적은 이 아이들의 교육적 요구를 충족시키는 적절한 기회를 제공함으로써 이 아이들이 각자의 잠재력을 끌어낼 수 있게 하는 데에 있다. 학교에서 따분함과 좌절감을 느낀 영재아들은 정신적, 신체적, 정서적 중퇴자가 될 위험이 있다. 학교생활을 더 이상 견딜 수 없을 때 이 아이들은 교실을 더 재미있게 만들기 위해 엉뚱한 언행이나 익살꾼 노릇을 하는 등 문제 행동 쪽으로 눈을 돌리기도 한다. 또 어떤 아이들은 학습부진아가 되기도 한다. 흥미와 능력을 자극할만한 과제가 주어지지 않으면 이 아이들은 결국 공부도 못 하고 시간 관리도 못 하는 학생이 되기 쉽다.

영재아들은 스스로 동기를 부여하는 기술을 개발해야 한다. 이것은 매우 중요하다. 그리고 이 기술은 평생 동안 사용해야 할 기술이기도 하다. 학교에 다니다 보면 어떤 때는 이 아이의 지식수준이 교사를 능가할 수도 있다. 그때 만약 아이가 어떻게 연구하고 어떻게 학습해야 할지 알고 있다면 혼자 자기 방식대로 나아가도록 놓아두는 것도 괜찮다. 우리가 바라는 것은 이 아이들이 배움을 사랑하고 평생 배움을 멈추지 않는 사람이 되는 것이기 때문이다.

배운다는 것에 들떠하던 자녀의 취학 전 모습을 기쁘게 바라보았던 부모라면, 아이가 학교에 들어가 그 열의를 잃을 때 가슴이 아플 것이다. 영재아들은 그 이유는 모르는 채 막연히 따분하고 불만스러운 느낌을 갖는다. 그리고 그것이 어느 정도는 자기가 너무 빨리 배우기 때문이라는 사실을 깨닫지 못한다. 이 아이들은 상황을 정확하게 이해하지 못할 수 있지만, 어른인 우리들은 무엇이 문제인지 알고 있다. 당신의 자녀가 배움에 대해, 세상에 대해, 자기 자신의 가능성에 대해 계속 열정을 가지게 하기 위해서는 영재 프로그램이 필요하다.

영재인가 바보인가

어떤 영재아들은 자기에게 우수한 능력이 있다는 것을 알지 못한다. 이런 아이는 자기가 다른 또래 아이들과 다르다는 것은 알지만(어떤 아이들은 이것을 아주 어린 나이에 깨닫는다.) 왜 다른지는 알지 못한다. 그래서 때로는 성급하게 부정적인 결론을 내리기도 한다. 심지어는 자기가 멍청하다거나 이상하다고 느끼기도 한다. 단지 자기가 남과 다르고 빨리 배운다는 이유 때문에 남들이 자기를 싫어하지는 않는다는 사실을 이 아이들은 이해하지 못한다. 연륜에서 오는 지혜도 없고 정서적으로도 미숙하기 때문이다. 부모로서, 또 교사로서 우리는 아이에게 자신이 이상한 존재가 아니며, 영재라는 것은 좋은 일이라는 점을 알려줘야 한다.

한번은 어떤 네 살짜리 남자아이가 나에게 "저는 정말 멍청해요"라고 말한 적이 있었다. 무슨 뜻으로 멍청하다는 말을 쓴 거냐고 묻자 아이는 이렇게 대답했다. "그러니까, 멍청하다는 건 남들과 다르다는 뜻이에요. 저는 다른 사람들처럼 생각하지 않아요." 이 아이는 어휘가 엄청나게 풍부하다는 점에서 남들과 달랐다. 이 아이는 "그건 언어도단이에요!"와 같은 표현을 하곤 했다. 멍청한 것과는 거리가 멀다. 하지만 다르다는 것은 분명하다.

> 이안이 가족과 함께 친구네 집에 가게 되었을 때 이안의 엄마는 아들에게 '다 큰 아이' 답게 행동하기를 바란다고 말했다. 이안은 몹시 불쾌해하며 자기는 '다 큰 아이' 라는 말이 싫다고 했다. 하지만 '성숙하고 책임 있게' 행동하겠노라고 대답했다. 이안은 아이들보다는 어른들과 함께 있기를 좋아했다. 이 아이는 유치원의 같은 반 아이들과 잘 어울리지 못했다.

영재 자녀가 학교에서 공부를 잘 하고 있다고 해서 꼭 이 아이의 잠재력이 최대한 발휘되고 있으리란 법은 없다. 실제로, 전 과목에서 A를 받는 아이라고 하더라도 그다지 많이 배우고 있지 않을 수도 있다. 부모 입장에서는 자녀가 모두 A를 받아오면 기분이 좋을 것이다. 하지만 다시 생각해 보라. 아이가 과연 흥미와 능력을 충분히 자극 받고 있는가? 뭔가 새로운 것을 배우고 있는가? 새로운 내용을 익히고 있는가, 아니면 이미 아는 내용을 다시 보고 있을 뿐인가? 적절한 수준의 노력을 하고 있는가, 아니면 학교 공부가 너무 쉬워서 노력을 안 하고도 쉽게 해치우는가?

대부분의 영재아들은 학교에서 시키는 것들을 쉽게 해낼 수 있으므로 기본적인 교사의 기대를 충족시키는 데 어려움이 없다. 그런 탓에, 흔히 이 아이들이 더 많은 것을 할 수 있다는 사실은 간과되곤 하는데, 특히 아이의 품행이 방정한 경우에는 더욱 그러하다. 좀 더 수준 높은 내용을 공부할 기회가 주어지지 않으면 이 아이의 능력은 발현되지 못한 채 숨어있게 되고, 마침내 아이는 노력할 필요가 없다는 생각에 빠지게 된다. 이렇게 지내다가 나중에 드디어 '이미 아는 것'이 아닌 내용이 나오는 단계에 이르면 이 아이는 어떻게 공부해야 할지 전혀 감을 잡지 못할 수도 있다.

너무 오랫동안 힘들일 일 없이 지내다 보면 공부는 당연히 쉬워야 한다는 기대를 가지기 쉽다. 또한, 영재라는 것은 '다른 사람들처럼 힘들여 노력할 필요가 없는' 사람이라는 생각도 가지기 쉽다. 일부 영재아들은 학년이 올라가면서 엄청나게 고전하거나 대학에서 성적불량으로 퇴학당하는데, 그것은 이 아이들이 어떻게 시간을 관리하고 어떻게 공부를 해야 하는지 몰랐기 때문이다.

학교에서 느끼는 압력도 영재아에게 문제가 되는 것 중 하나다. 일반적으로 아이들은 교실에서, 특히 또래들로부터 남들 하는 대로 행동하고 집단에 섞여야 한다는 압력을 받는다. 특별히 생산적인 영재아의 경우, 내용이 다르거나 좀 더 수준 높은 숙제는 하지 않고 비슷한 종류의 숙제를 양만 늘려 반복하며 추가 점수나 받다가 끝날 수도 있다. 힘들기만 하고 실속은 없는 일을 누가 하고 싶어 하겠는가? 수많은 영재아들이 재빨리 분위기를 파악하고(워낙에 생각이 빠른 아이들이기도 하다.) 스스로 고삐를 늦추는 것이 전혀 이상한 일이 아니다.

나이가 어린 영재아 중에서 교실의 평균적인 기대수준에 맞추지 못하거나 맞출 생각이 없는 아이들은 완전히 소극적인 학생이 되어버리기도 한다. 어떤 의미에서는 정신적인 중퇴라고도 할 수 있다. 물론 이 중 많은 아이들이 심화학습 프로그램이나 자율 프로젝트 등을 통해 학교 밖에서 공부를 계속하지만, 학교에 관한 한 모두 똑같은 문제를 안고 있다. 적어도 학교 안에서 이 아이들은 배움에 대한 의욕을 잃은 학습부진아들이다.

열두 살 된 한 영재 소녀는 이렇게 말한다. "저는 학교에서 '특별수업' 시간에는 펄펄 날다가 보통수업 시간이 되면 맥없이 앉아있어요. 선생님들은 같은 내용을 계속 반복하면서 복습시키고 또 설명을 너무 많이 해서 처음에 참신했던 내용도 나중에는 거의 무의미하게 느껴질 정도예요. 그래서 거기

> 나이가 어린 영재아 중에서 교실의 평균적인 기대수준에 맞추지 못하거나 맞출 생각이 없는 아이들은 완전히 소극적인 학생이 되어버리기도 한다.

에 귀를 기울이지 않으려고 하다가 선생님한테 들켜서 집중하지 않았다고 야단을 맞을 때도 있어요. 어떤 때는 그냥 멍한 상태에서 로봇처럼 대답하는 게 더 쉬워요. 하지만, 원상태로 영원히 못 돌아갈 것 같은 기분이 가끔씩 들어서 무섭기도 해요."

위에 나온 모든 아이들, 즉 남과 다른 아이, 따분해하는 아이, 무시되고 있는 아이, 의욕을 잃은 아이, 능력을 제대로 사용하지 못하는 아이, 멍하게 앉아있는 아이들을 위해 영재 교육 계획은 필수적이다. 이번 장에서는 영재 교육을 위한 여러 가지의 교육 모형을 살펴보려 한다. 또한, 학부모들이 자녀의 학교 생활을 향상시키기 위해 할 수 있는 몇 가지 일을 제안하고자 한다.

영재 프로그램에 대한 부모들의 찬사

- "영재 프로그램 덕분에 저희 아들의 삶이 바뀌었어요. 처음으로 친구도 사귀고요."

- "저희 아들은 화요일만 보고 살아요. 그 날 하루는 왜 자기가 그렇게 생각했는지 변명하거나 설명하지 않고 자기 모습 그대로 지낼 수 있거든요."

• "저희 딸이 자신감을 가지게 됐어요. 나중에 선생님이 돼서 자기가 영재 프로그램에서 받았던 기회들을 어린 학생들에게도 주고 싶다는 말까지 한답니다. 영재 프로그램에서 공부하며 저희 딸은 노력하는 법을 배웠고, 또 자기 자신을 믿게 됐어요."

영재아들을 위한 더 나은 학교 만들기

학교가 영재아들을 위해 보다 나은 곳이 되려면 어떤 것이 필요할까? 다음 네 가지가 도움이 될 수 있다.

1. 아이의 지적 수준과 재능에 적합한 교육
2. 진정한 의미의 동료 학생들
3. 아이를 지지해 주고 아이에게 꼼꼼하게 반응하는 학습 환경
4. 영재아의 요구에 반응할 수 있는 전문가

영재아에게는 자신의 지적 수준과 재능에 적합한 교육이 필요하다

영재아들은 대개 생각하고 배우고 반응하는 방식이 보통 학생들과 다르기 때문에, 특수교육을 받는 학생들과 마찬가지로 그 특성과 능력에 맞는 교과과정을 필요로 한다. 영재 학생들은 교실에서 매일 뭔가 새로운 것을 배우고, 도전할만한 과제를 받고, 이해와 인정을 받을 필요가 있고 또 그럴 자격도 있다. 그러기 위해서는 정규 교과과정을 조정하거나 차별화해야만 한다.

미국 교육부와 국립연구센터(National Research Center)가 실시한 조사 결과에 따르면, 많은 영재 초등학생들이 다음 학년에서 배울 5개 기초 과목의 내용 중 35~50퍼센트를 이미 습득한 상태에서 학년을 올라가며, 대부분의 교사들은 별다른 대책이 없는 상태에서 이 아이들을 맞이한다고 한다.

일부 교육자들은 영재 학생을 위한 좋은 교육 프로그램은 다른 모든 학생들에게도 유익하다고 지적한다. 그리고 이것은 어느 정도 맞는 말이다. 학생이라면 누구나 비판적이고 창의적으로 사고하는 법, 연구하고 독립적으로 공부하는 법을 배워야 하기 때문이다. 하지만, 영재 학생들은 같은 반 아이들에 비해 더 복잡하고 깊이 있는 내용, 더 빠른 진도를 받아들일 수 있다는 점에서 차이가 있다. 그러므로 영재아들의 요구에 백 퍼센트 맞추어진 교과과정은 다른 아이들에게는 힘겨울 수 있다.

많은 교육자들은 교과과정을 차별화(학생 개개인의 특성과 능력에 맞추어 각기 다른 학습 활동을 제공하는 것)하면 능력 수준이 다양한 학생들이 충분히 같은 교실에서 공부할 수 있다고 주장한다. 이것이 하나의 해결책이 될 수도 있다. 하지만, 학급당 학생 수와 교사의 업무가 증가하고 있는 현재 상황에서 대부분의 교사는 다양한 수준의 개인별 맞춤학습이나 소집단 학습을 동시에, 그리고 꾸준히 진행할 여력이 없다. 영재 학생, 특히 어린 영재 학생을 위한 적절한 지도 방법을 찾는 일이 시급하다.

많은 영재아들은 보통 학생들보다는 다른 영재 학생들과 같이 공부할 때 친구도 쉽게 사귀고 편안하게 느끼며 자아존중감도 높아진다고 말한다.

영재아에게는 진정한 의미의 동료 학생이 필요하다

영재아의 능력 수준이 높을수록 진정한 의미의 동료 학생, 즉 흥미와 능력이 비슷한 학생을 사귀기가 어렵다. IQ가 180인 6세 아동은 11세 아동과 지적 수준이 거의 비슷하고, 10~11세가 되면 평균적인 고등학교 졸업생과 맞먹는다. 하지만 다른 영역은 그 정도로 발달이 앞서 있지 않은 경우가 많다. 신체 발달은 기껏해야 10퍼센트, 사회성 발달은 20~30퍼센트 앞서는 것이 보통이다. 그 결과 사회적 적응에 있어서 몹시 어려운 문제가 발생할 수 있다. 아이의 나이가 어리고 비활동적일수록 이런 문제가 더 크다.

많은 영재아들은 보통 학생들보다는 다른 영재 학생들과 같이 공부할 때 친구도 쉽게 사귀고 편안하게 느끼며 자아존중감도 높아진다고 말한다. 영재 프로그램이 없는 학교에 다니는 영재 학생은 외부의 특별 프로그램에 참가해서라도 진정한 동료 학생을 찾는 것이 좋다. 자녀가 다니는 학교에 영재 프로그램이 없다면, 부모가 책임지고 그런 외부의 프로그램을 찾아야 한다.

영재아에게는 학생을 지지해 주고 반응해 주는 환경이 필요하다

학교에서는 영재 학생들의 요구에 부합하는 다양한 수준의 학습 기회를 제공해야 한다. 모든 학년, 모든 과목에서 탄력적인 집단 편성(학습 준비도나 흥미, 학습 스타일에 근거해서 집단 편성이 바뀌는 것)을 하게 되면 영재 학생들이 타인의 시선을 의식하지 않는 편안한 분위기에서 지적 수준과 나이가 비슷한 동료 학생들과 함께 배우고 또 서로에게서 배울 수 있다.

많은 사람들이 영재아의 부모는 극성스럽다는 고정관념을 가지고 있다. 그 때문에 일부 전문가들은 부모의 판단을 의심하거나 가볍게 여긴다. 또한 영재아의 부모로서도 자녀에게 필요한 것을 학교측에 요청하기가 조심스러울 수 있다. 하지만 사실, 대부분의 부모들은 자기 자녀를 잘 파악하고 있으며, 자녀가 유난히 발달이 빠른 경우에 그것을 바로 알아본다. 집에서 심화학습의 기회를 만들어 주고 아이가 흥미를 느끼는 일을 지원함으로써 자녀의 특별한 요구에 반응하는 이도 부모들이다. 이들은 자녀의 말에 귀를 기울인다. 가끔은 학부모로서 자신이 무력하게 느껴질 때도 있겠지만, 자녀의 생각에 귀를 기울여 주는 것이야말로 자녀에게 가장 필요한 것일지도 모른다.

★ 영재 학생들을 담당할 전문가가 반드시 갖춰야 할 것이 있는데, 그것은 호기심 많고 능력 있는 학생들과 함께 공부하는 데 흥미와 열의가 있어야 한다는 점이다.

영재아에게는 자신의 요구에 반응해 줄 수 있는 전문가가 필요하다

똑같이 영재아라고 불리는 학생들이라 하더라도 개개인을 들여다보면 다른 점이 너무나 많다. 따라서 이 학생들 모두를 위한 이상적인 교사란 없다. 하지만 영재 학생들을 담당할 전문가가 반드시 갖춰야 할 것이 있는데, 그것은 호기심 많고 능력 있는 학생들과 함께 공부하는 데 흥미와 열의가 있어야 한다는 점이다.

영재 학생들에게는 자신들의 학습적 특성과 사회적 · 정서적 특성 양쪽 모두를 이해하는 전문가가 필요하다. 영재아들을 지도할 사람은 고도 영재아와 중도 영재아의 생각과 반응이 다르다는 점을 알고 있어야 한다. 마찬가지로, 중도 영재아는 보통 아이들과 다르게 생각하고 다르게 반응한다. 학교에서는 그 학교의 영재 프로그램에서 공부하는 학생들의 능력과 특성에 근거해서 담당자를 선발하고 교육시켜야 한다. 어른들이 영재 학생들을 정말로 이해하고 지도하기 위해서는 이 아이들의 어디로 튈지 모르는 정신을 따라갈 준비가 돼 있어야 한다.

학교에서는 영재 학생들의 요구를 충족시키기 위해 어떤 방법을 사용하는가

영재아들을 위한 교육 계획으로는 영재학교, 심화학습, 교실 내에서의 학습 차별화, 속진제 등 여러 가지가 있다. 학생이 영재든 아니든 간에 모든 학생에게 완벽한 프로그램이란 것은 없기 때문에 각 학교에서는 다양한 영재 교육 방법을 사용한다. 학교에 따라 한 가지 방법만 사용하기도 하고 두 가지 이상을 조합해서 사용하기도 한다.

가장 효과적인 방법은, 영재 프로그램에 참가하는 아이들의 다양한 요구와 능력, 재능의 수준에 대응할 수 있도록 이런 방법들을 적절히 섞어서 사용하는 것이다. 흔히 사용되는 몇 가지 프로그램에 대해 아래에서 살펴보고자 한다.

영재학교 및 영재학급

아직 우리나라에는 영재학교가 한국과학영재학교 한 곳밖에 없기 때문에 그 장단점에서 외국의 영재학교들과 다소 차이가 있을 수 있다. 하지만 영재아들이 일주일에 한두 번이 아니라 하루종일 동료 영재학생들과 같이 지낼 수 있다는 장점은 모든 영재학교가 똑같다. 단점은, 영재학교가 인기가 있다보니 입학기준이 엄격하고 정원이 제한되어 있다는 것이다.

일부 학교에서는 학생의 능력이나 학습 준비도별로 학급을 편성한다. 일종의 '학교 안의 학교'인 셈이다. 이런 학교에 다니는 영재 학생들은 하루에 몇 시간은 특별한 훈련을 받은 교사에게서 핵심 과목 수업을 받고, 나머지 시간에는 일반 학생들과 함께 다른 수업을 받는다. 예를 들자면, 체육 시간에는 학업 준비도에 상관없이 모든 학생이 함께 수업을 받지만 특별 수학 수업에는 영재 학생들만 참여하는 식이다.

심화학습 프로그램

심화학습 프로그램은 가장 흔히 볼 수 있는 영재 프로그램 중 하나로, 정규 교과 내용을 대체 혹은 확장하는 것이다. 심화학습의 목표는 학생들이 분석, 창조, 평가와 같은 고차적 사고 능력과 문제 해결 기술을 익히도록 돕는 것이다. 이를 위해 흔히 토론, 토의, 조사, 모의실험 등의 방법이 사용된다.

심화학습 프로그램은 학교에 따라 매주 한 시간 하는 것에서부터 매일 한 시간 이상, 혹은 하루 종일 하는 것까지 그 종류가 다양하다. 심화학습 프로그램을 운영하기 위해서는 특별한 훈련을 받은 교사가 필요하고, 구체적으로는 자료실 이용, 풀아웃(pull-out) 프로그램의 실시, 멘터십(mentorship) 프로그램, 전문가 초청 강의, 개별 학습 등의 방법이 사용된다.

• **자료실**　　여기서 말하는 자료실이란 교사의 허락 하에 영재아들이 사용할 수 있는 도서실, 컴퓨터실, 그 외 특별한 장비가 갖추어진 교실을 의미한다. 예를 들어, 교사가 특정 과제를 마친 학생에게 자료실에 가는 것을 허가해 줄 수 있는데, 그러면 이 학생은 자료실에서 자기가 흥미 있는 분야를 연구하거나 도서관 사서 또는 다른 전문가와 함께 공부할 수 있다.

자료실은 영재아들에게 안식처가 될 수 있다. 그곳에서 능력이 비슷한 새 친구들을 사귀고, 흥미진진한 과제를 하고, 특별한 장비를 이용할 수 있기 때문이다. 자료실에는 대개 영재아들의 요구에 민감하게 반응하고 특정 주제에 대해 교사 자신보다 더 많이 아는 학생들에게 위협을 느끼지 않는 교사들이 배치된다. 영재 자료실 중 일부는 영재 학생들만을 위한 독립된 공간이지만, 일부는 학습장애 학생들을 위한 자료실이나 학교 도서실, 컴퓨터실을 같이 사용하는 형식으로 운영되기도 한다.

하지만, 학급 교사가 단독으로 자료실 사용을 결정하는 경우에는 자료실을 유익하게 사용할 수 있는 많은 학생들이 그 사용 기회를 아예 얻지 못할 수 있다. 그리고, "너는 숙제를 안 했으니까 거기 갈 자격이 없어."라는 식의 교사의 임의적인 결정에 따라 자료실 사용이 이루어지기도 한다. 원칙적으로, 자료실은 처벌이나 보상의 수단으로 사용되어서는 안 된다. 자료실은 그곳을 필요로 하는 학생이라면 누구나 이용할 수 있는 곳이 되어야 한다.

• **풀아웃 프로그램** 풀아웃 프로그램이란 일정 시간 동안 영재 학생들이 정규 수업을 빠져 나와 다른 교실에 가서 정규 수업 시간에 하지 않는 특별 활동을 하는 것이다. 특별 활동의 예로는 정서 및 사회성 훈련, 정규 수업 시간에 다루지 않는 사고 기술 훈련 등이 있다. 풀아웃 프로그램은 학교에 따라 매주 한 시간에서부터 매일 몇 시간에 이르기까지 할당 시간이 다양하다.

풀아웃 프로그램이 성과를 거두려면 정규 교과와 반드시 조화를 이루어야 한다. 그리고 재미에 치우치지 않고 내용에 실속이 있어야 한다. 그러려면 학생이 정규 수업에서 배우는 것과 연계된 적절한 학습 활동을 제공해야 한다. 영재 프로그

★ 풀아웃 프로그램이란 일정 시간 동안 영재 학생들이 정규 수업을 빠져 나와 다른 교실에 가서 정규 수업 시간에 하지 않는 특별 활동을 하는 것이다. 풀아웃 프로그램이 성과를 거두려면 정규 교과와 반드시 조화를 이루어야 한다.

램을 처음 시작하면서 그 방법으로 풀아웃 프로그램을 선택한 학교 중 일부는 그 상태에 안주하며 이후 보다 포괄적인 프로그램 계획을 세우지 못한다. 일주일에 한 시간은 충분하지 않다. 이 학생들은 날마다, 하루종일 영재이기 때문이다.

풀아웃 프로그램이 가지는 또 하나의 단점은 학생들이 자기 반에서 일어나는 중요한 일이나 재미있는 일을 놓칠 수 있다는 것이다. 만약 풀아웃 프로그램에 가 있는 동안 교실에서 가르친 내용이 다음날 시험에 나온다면? 휴식 시간이나 특별 수업을 계속해서 빠져야 한다면? 그런 경우 영재 프로그램은 즐거운 것이라기보다는 괴로운 것이 될 것이고, 프로그램에 장기간 참가하려는 의욕도 생기지 않을 것이다.

• **멘터십 프로그램**　이 프로그램은 영재 학생을 특정 분야에 전문 지식이 있는 다른 학생이나 전문 직업인과 연결시켜 주는 것이다. 나이 많은 학생이 멘터가 되어 공통의 흥미 분야에서 나이 어린 영재 학생을 지도할 수도 있고, 전문 직업인이 멘터가 되어 특정 직업에 대해 살펴볼 수 있는 기회를 제공할 수도 있다. 일반적으로, 특정한 목표와 기간을 정해 놓고 그 동안 서로 긴밀한 관계를 유지하며 멘터가 학생을 지도하게 된다. 만나는 시간은 당사자들과 학교의 결정에 따라 수업 시간 중이 될 수도 있고 방과 후가 될 수도 있다.

멘터십을 통해 자연스럽게 속진과 심화 학습이 이루어진

다. 또한, 학생은 멘터십 프로그램에서 직업 탐색의 기회를 얻고, 나이가 아니라 공통의 흥미를 기반으로 친구를 사귈 수 있다.

• **개별 학습**　이 프로그램은 학생이 과제를 스스로 선택해서 자율적으로 수행하게 하는 것으로, 학생의 지도는 멘터나 교사가 담당한다.

대부분의 개별 학습 프로그램에서 학생은 무엇을 공부할 것인지 계획을 세우고, 학습 목표들을 정하고, 목표를 달성하기 위한 활동 계획을 세운 후 과제를 진행해서 산출물을 내놓게 된다. 학습 계획서는 계약서의 형태로 작성될 수도 있다. 학생이 개별 학습을 하며 무엇을 배웠는지는 최종 결과물인 산출물에서 드러나게 된다.

정규 학급의 영재 학생들

일부 학교에서는 장애아 통합교육을 본떠 영재학생들을 다른 학생들과 같은 교실에서 공부하게 한다.

다양한 능력 수준의 학생들로 구성된 교실에서, 학생들은 각자 다른 방식, 다른 속도로 배운다. 영재아들은 기초적인 사실과 기술을 배우는 데에는 더 적은 시간을 필요로 하지만, 그것들을 가지고 더 고차적인 학습을 하기 위한 시간은 더 많이 필요로 한다. 이 문제를 해결하기 위한 방법으로 많은 교실에서는 학습 지도 차별화, 즉 학생 개개인의 요구에 맞춘 수업을 시도한다. 이를 위해서는 교사가 반드시 차별화 기법을 배운 사람이라야 한다. 학습 지도 차별화는 다음 네 가지 영역에서 이루어질 수 있다.

1. 내용

우선, 교사가 학습 내용이나 자료를 변경함으로써 추상성, 복잡성, 다양성, 조직화의 정도를 높이는 것이 한 가지 방법이다. 학습 자료를 적절히 구성하면 영재 학생들의 흥미와 호기심을 자극해 아이들이 더 크고 폭넓은 아이디어나 시각을 얻을 수 있다.

학습 분야를 더 깊이 있게 다루는 것도 내용을 차별화하는 한 가지 방법이다. 예를 들어, 일 년치 수학 교과 내용을 한 학기만에 익히는 수학 영재아에게는 남는 시간 동안 이진법, 십진법 등의 수 체계나 수열, 그 밖의 또래 학생들이 이해하지 못하는 기타 개념을 가르치는 것이다. 또, 좀 더 나아가 다음 단계의 수학 진도를 나갈 수도 있다. 교사는 나중에 이 학생을 담당할 상급 학년 교사들과 가능한 한 자주 지도방침을 협의해야 한다. 그래야 이 학생이 교실에서 다른 학생들이 이해하기를 기다리며 시간을 보내지 않을 수 있다.

내용 차별화의 또 다른 방법은 한 가지 개념을 다양한 각도에서 보는 것이다. 예를 들어, 학생 자신이 살고 있는 도시에 대해 공부하는 시간이라면, 다른 도시들에 대해서도 알아보고, 도시계획과 도시개발에 관련된 쟁점들을 토의하며 이상적인 도시 계획을 세워볼 수도 있을 것이다. 또, 학생으로 하여금 특정 학문 분야의 전문가처럼 생각하고, 그 학문의 전문 용어를 배우고, 그 학문이 오랜 시간에 걸쳐 어떻게 바뀌어 왔는지 밝혀 보게 할 수도 있다. 예를 들어, 학생 자신이 역사학자라면 자기가 아끼는 역사적인 건물이 고층 빌딩을 짓기 위해 파괴되는 것에 대해 어떻게 생각할 것인지, 상업적 요지를 얻고자 하는 기업가의 입장이라면 지금 서 있는 다 쓰러져 가는 건물을 헐고 그 자리에 자기 건물을 짓는 것에 대해 어떻게 생각할 것인지 말해 보게 하는 것이다. 또, 자신이 생태학자라면 도시 내의 녹지를 모두 건물과 시멘트에 내 주는 것에 대해 어떻게 생각할 것인지 말해보고, 야생 동물의 서식지 감소 문제에 대해 토론해 보도록 할 수 있다.

영재아들이 다양한 학문간의 연관 고리를 보는 능력을 키울 수 있게 해 줘야 한다. 한 가지 학문적 접근에 머무르지 않고 서로 다른 학문 사이에서 연관 고리를 찾아 이용할 수 있으려면 주제별 단원 학습, 또는 보편적 개념 학습이 필요하다.

2. 과정

교사는 학습내용을 가르치는 방식, 학생이 사용하게 될 사

★ 영재아들이 다양한 학문간의 연관 고리를 보는 능력을 키울 수 있게 해 줘야 한다. 서로 다른 학문 사이에서 연관 고리를 찾아 이용할 수 있으려면 주제별 단원 학습, 또는 보편적 개념 학습이 필요하다.

고 기술과 그 사고 기술의 습득 방식에 변화를 줌으로써 학습 과정을 차별화할 수 있다. 과정을 다양화하기 위해서는 학생들에게 문제 해결에 사용할 방법을 고르거나 자기만의 방법을 사용할 수 있는 자유를 주어야 한다.

일부 교사들은 학생들에게 사고기술을 가르치는 데에 벤자민 블룸(Benjamin Bloom)의 교육목표 분류법을 사용한다. 블룸의 분류법에서는 사고를 그 복잡성의 수준에 따라 6단계로 나눈다.

- 지식 : 학습의 토대가 되는 사실 및 세부 내용.
- 이해 : 배운 개념을 이해하고 자신의 말로 표현할 수 있는 것.
- 적용 : 배운 것을 사용하는 능력.
- 분석 : 분석, 분류하는 능력. 둘 이상의 대상을 비교, 대조하는 능력.
- 종합 : 새로운 것을 만들어내고 이전에 해보지 않았던 것을 시도하는 창의성.
- 평가 : 대상의 타당성이나 가치를 평가, 판단하는 것.

3. 산출물

영재아들은 자신이 배운 것을 다양한 방식으로 증명할 수 있다. 그런데도 최종 산출물은 곧 숙제나 시험이라고 여기는 교사가 너무나 많다. 하지만 학습의 산출물은 다양해야 한다.

자신이 배운 것을 다양한 방식으로 증명할 수 있는 선택권을 주면 학생이 자기에게 잘 맞는 학습 스타일을 발달시킬 수 있다. 산출물 차별화는 구두 산출물(발표, 토론, 토의), 서면 산출물(일기, 에세이, 시, 이야기), 시각적 산출물(그림, 그림 이야기, 도표, 콜라주), 동작 산출물(촌극, 시연), 기술적 산출물(웹사이트, 슬라이드 쇼, 비디오) 중에서 학생이 자유롭게 선택하게 함으로써 이루어진다. 산출물을 다양화하면 학생들이 덜 따분해할 뿐만 아니라 다른 학생은 얼마나 배웠는지를 서로 생생하게 보게 해 주는 효과가 있다.

흥미를 자극하는 다양한 산출물을 선택할 수 있을 때 학생들은 진짜 연구는 어떻게 하는 것인지 배우게 된다. 인터넷에 들어가 어떤 주제에 대한 정보를 찾고 그것을 출력해서 제출하는 식으로 한 가지 방법에만 의존하는 것이 아니라 유효한 정보를 여러 다른 형식으로 변형해야 하는 것이다. 학생들은 이 과정에서 특정 문제에 대해 스스로 질문하고 대답을 찾고 그런 다음 더 고차원적으로 생각한 후 자신이 배운 것을 창의적인 방식으로 증명하게 된다.

학생들에게 다양한 산출물을 내게 할 때 교사가 주의해야 할 점이 있다. 교사는 평가기준을 상세하게 설명하고 또 자신이 기대하는 산출물의 내용과 수준에 대해 대략의 윤곽을 잡아주어야 한다. 그렇게 해야 학생들이 교사가 기대하는 수준을 염두에 두고 과제를 시작할 수 있고, 또 나중에 점수를 보고 놀라는 일을 피할 수 있다.

4. 학습 환경

물리적인 학습 환경도 여러 가지로 다양화할 수 있다. 학생들의 자리를 바꾼다든지, 학습지도 전문가를 부른다든지, 반을 섞는다든지 하는 것이 그 예다. 학습 환경에는 적절한 장비와 시설이 갖추어져 있어야 하는데, 특히 어학실과 과학실, 컴퓨터, VTR 등은 필수적이다.

교실에는 서로 신뢰하고 존중하며 각자 스스로의 발전을 위해 노력하는 분위기가 조성되어야 한다. 교사는 학생들의 활발한 사고와 질문을 격려하는 분위기, 각자의 차이를 존중하고 의견 차이나 논쟁을 허용하는 분위기를 만들기 위해 애써야 한다. 교실은 학생이 창피 당할 걱정 없이 모험을 해 볼 수 있는 안전한 장소가 되어야 한다.

마지막으로, 학습 환경은 영재 학생의 지적 요구뿐만이 아니라 그 감정도 배려하는 환경이 되어야 한다. 그래야만 학생들이 건설적인 비판을 받아들이고, 창의적으로 반응하고, 진짜 세상에서 살아나갈 방법을 발달시킬 수 있다.

학습시간을 압축하거나 학생들을 소규모 집단으로 편성하는 등의 방법도 교실에서 영재 학생들을 배려하기 위한 기본적인 차별화 기법이다.

• **압축**　　일반적으로 사전에 시험을 통해 특정 학습 내용이나 기술을 완전히 익혔음이 증명된 학생에게 학습 시간을 압축시켜 주는 차별화 기법이다. 예를 들어, 학급의 다른 아이들이 구구단을 배우고 있는데 한 학생은 이미 구구단을 다 외웠다면 교사는 이 학생이 적절한 속도로 지식을 확장하도록 지도할 수 있다. 압축 기법을 사용할 때 교사는 영재 학생들이 동료 영재 학생들과 어느 정도 시간을 같이 보낼 수 있게 해 주어야 한다. 이 방법은 영재 학생들이 이미 다 익힌 것을 반복하며 학습 시간을 낭비하지 않을 수 있게 해준다.

• **군집 집단 편성**　　교사가 정규 학급에서 사용할 수 있는 또 하나의 차별화 기법으로, 영재아들을 한 집단에 넣어 능력과 학습특성이 유사한 학습자 집단을 만들고, 학급의 나머지 학생들은 몇 개의 혼합능력집단으로 나누는 것이다. 이 방법은 능력별 집단 편성에 따르는 부작용을 피하면서도 영재 학생들이 같이 학습하며 자신들의 장점을 강화할 수 있게 하는 상식적인 접근이라 할 수 있다. 이 기법은 차별화 및 교과 압축에 대한 훈련을 받은 교사가 사용할 때 가장 효과를 볼 수 있다.

• **개별 학습**　　교사가 정규 학급에서 기초 기술 학습과 고차적 사고 훈련을 동시에 진행할 수 있게 해 주는 방법 중 하

속진이라는 것
은 학생이 나이
에 비해 더 높은 수준
의 학업 내용을 배울
수 있게 하는 것이다.

나다. 어떤 사실을 암기하는 것과 그것을 창의적으로 응용하는 법을 아는 것 사이에는 큰 차이가 있다. 교사는 개별 학습 내용을 더 복잡하고 깊이 있는 내용, 학생에게 더 의미 있는 내용이 되게 하고 진도를 나가는 속도를 올림으로써 개별 학습의 효과를 높일 수 있다.

속진

속진이라는 것은 학생이 나이에 비해 더 높은 수준의 학업 내용을 배울 수 있게 하는 것이다. 속진에는 조기 입학, 독립적인 영재 학급으로의 배치, 시험을 통한 학점 취득, 한 학년 또는 여러 학년 월반, 두 학년을 일 년에 끝내기, 고등학교와 대학교 동시 등록 등의 다양한 형태가 있다. 특정 과목에서 한 학년 혹은 여러 학년을 건너뛰는 과목별 월반도 속진에 해당된다. 한 학년을 완전히 건너뛰는 학년 월반은 일반적으로 두세 학년 위에 올려놓아도 무리가 없을 정도의 학업 능력을 가진 학생들을 대상으로 한다.

속진이 영재 교육에서 흔히 사용되는 방법이기는 하나 이를 강경하게 반대하는 사람도 적지 않다. 특히, 조기 입학과 월반이라는 문제에 있어서 더욱 그렇다. 영재아들이 자기보다 나이 많은 아이들과 함께 지내면 정서적으로 문제를 겪을 것이라는 게 이들의 우려다. 이것은 생각해 볼만한 문제다.

만약 한 아이가 초등학교 때 한 학년을 월반한다면 고등학교에 가서 어떤 일이 있을 수 있을까? 아마 이 아이는 동료 학생들 중에서 가장 어리기 때문에 신체 발달도 뒤쳐질 것이고 결과적으로 운동이나 그 외 다른 활동에서 어려움을 겪을 것이다.

이런 우려에도 불구하고, 아이들이 자기한테 맞는 속도로 배울 수 있을 때 자기 자신에 대해 더 긍정적으로 느끼고, 동기가 더 높고, 더 창의적이며, 목표를 더 높게 잡고, 사회성도 더 좋다는 것을 여러 연구 결과에서 알 수 있다.

> 아이들이 자기한테 맞는 속도로 배울 수 있을 때 더 긍정적으로 느끼고, 동기가 더 높고, 더 창의적이며, 목표를 더 높게 잡고, 사회성도 더 좋다.

아이오와 속진 척도(Iowa acceleration Scale)　학년 월반이 해당 학생에게 적절할지를 결정할 때 교육자가 지침으로 삼을 수 있는 척도로 아이오와 대학교에서 개발하였다. 검사 점수에 따른 안내 지침이 있어 교육자와 학부모가 보다 현명하게 학생의 학년 배치를 결정할 수 있게 해 준다.

대학 과목 선(先)이수제

대학 과목 선이수제란 고등학교에서 특별반을 만들어 대학 과목을 가르침으로써 학생들이 고등학교 재학 중에 대학 학점을 딸 수 있게 하는 것이다. 미국의 경우, 학생들은 매년 5

월에 실시되는 시험을 통해 대학 학점을 딸 기회를 얻고 있다. 학생들은 이 수업에서 학습적으로 더 큰 도전감을 느끼고, 성취 기회와 개인적 발전의 기회도 더 많이 얻는다. 대학 과목 선이수를 위한 특별반이 반드시 영재 프로그램인 것은 아니지만, 많은 학교에서는 영재 학생들에게 제공하는 프로그램 중 하나로 이 특별반을 포함시킨다. 마찬가지로, 고등학교의 우수학생반 역시 단순히 학업의 수준이 높은 학급일 뿐, 꼭 영재반인 것은 아니다.

이중 등록과 조기 졸업

이중 등록 프로그램은 학생이 고등학교와 대학교에 이중으로 등록할 수 있게 해 주는 프로그램이다. 이 프로그램을 택한 학생들은 대학 과목 선이수를 위한 특별반에 가는 대신 수업 시간 일부를 빠지고 근처 대학에 가서 강의를 듣게 된다. 학교마다 구체적인 사항에서는 다소 차이가 있을 수 있지만, 일반적으로 이 프로그램에 참가하는 학생들은 고등학교와 대학교 학점을 동시에 받는다.

일부 고등학교에서는 학생이 3년보다 짧은 시간 안에 졸업 요건을 채우고 졸업하는 것을 허용함으로써 학생이 대학에 일찍 들어갈 수 있게 해 준다. 조기 졸업 과정을 택한 학생들은 다른 학생들에 비해 교과과정을 더 빨리, 더 유연한 방식으로 밟아 나갈 수 있다.

국제 공통 대학입학 자격 프로그램

국제 공통 대학입학 자격 프로그램(International Baccalaureate Program)은 국제적인 활동에 관심이 있는 학생들이 매력을 느낄만한, 전 세계적으로 유명한 프로그램이다. 이 프로그램은 매우 엄격한 학업 기준을 적용하며, 국제적인 이해와 책임 있는 시민정신을 크게 강조한다는 점이 그 특징이다. 각 학교는 국제 공통 대학입학 자격 협회(International Baccalaureate Organization)의 인가를 받아 이 프로그램을 운영하며, 교과과정 및 평가 개발, 교사 연수, 정보 교류 세미나, 전산망, 부가적 교육 서비스 등에서 협회의 지원을 받는다.

현재 이 프로그램은 백여 국의 천 개 이상 학교에서 제공되고 있다. 일반적으로, 고등학교에서 이 프로그램을 이수한 학생은 대학에서 상급 과정을 공부할 자격이 있는 것으로 간주되며 이 자격은 외국의 많은 대학교에서도 인정된다. 보다 자세한 사항은 국제 공통 대학입학 자격 협회 홈페이지(www.ibo.org)에서 찾아볼 수 있다.

국제 공통 대학 입학 자격 프로그램은 국제적인 활동에 관심이 있는 학생들이 매력을 느낄 만한, 전 세계적으로 유명한 프로그램이다. 이 프로그램은 매우 엄격한 학업 기준을 적용하며, 국제적인 이해와 책임 있는 시민정신을 크게 강조한다는 점이 그 특징이다.

인턴 프로그램

인턴 프로그램은 학생을 일정 기간 동안 전문 직업인과 함께 일하게 하는 것으로 우수한 고등학생들에게 수준 높은 교육을 제공하기 위한 또 하나의 방법이다. 미국의 경우, 일부 고등학교에서 공식적인 인턴 프로그램을 운영하고 있는데, 진로지도 교사가 학생과 특정 분야의 전문 직업인을 연결시켜 준다. 학생은 전문가 곁에서 많은 것을 보고 경험하며 그 직업에 어떤 기술과 지식이 필요한지 배울 수 있다. 또, 다양한 실무를 통해 유사 직업 경험을 하게 된다. 인턴 학생들은 전문 직업인들과 함께 일하며 부가적인 기술을 배우고, 그 분야의 사람들과 인맥을 만들 수 있고, 또 더 나아가서는 장래의 취업 기회를 미리 탐색해 볼 수도 있다.

평가

영재 프로그램을 개선하고 활용하기 위한 기초 자료로서 지속적인 평가는 필수적이다. 그리고 이 부분에서 학부모의 의견은 특히 중요하다. 서면 평가와 같이 공식적인 방식이 되었든, 수시로 교사와 교장에게 의견을 제시하는 비공식적인 방식이 되었든 간에 프로그램 개선을 위한 학부모의 건설적인 의견은 없어서는 안 되는 부분이고, 또 학교에서도 그것을 환영해야 마땅하다. 어떤 프로그램이 전에 효과가 있었다고 해서 지금도 계속 효과가 있으리란 법은 없다. 새로운 교재나 새로운 교육이론이 도입되어 변화가 필요해졌을 수도 있고, 교사나 학생들이 변화를 요구할 수도 있다.

"자기 자신, 그리고 자신의 학업에 긍정적인 영향을 준 것은 무엇이었는가?"라는 질문에 영재 학생들은 다음과 같이 대답했다.

- 체험 위주의 학습 프로젝트
- 지역 사회 또는 학교에서의 봉사학습 활동
- 창의적이고 혁신적인 학습 지도 방식
- 의미 있고 현실 세계에 연계되는 교과 내용
- 자신의 일을 사랑하고, 학생들을 좋아하고 존중하며, 열정적인 교사
- 외부 인사를 초빙해 그의 경험에 대해 이야기를 나누는 것
- 융통성 있는 학습 계획

학부모의 권리

학부모는 자녀가 다니는 학교에서 언제 어떻게 영재 프로

그램에 참가할 학생들을 판별하는지 알 권리가 있다. 또한, 학교에서 판별 검사가 진행 중일 때 그것을 알고 있어야 하고 검사 결과도 알아야 한다. 이것은 학부모의 권리이자 책임이다. 그런 정보가 있을 때 학부모는 판별 검사에 대해 자녀와 대화를 나누며 자녀가 현재 상황을 좀 더 편안하게 받아들이도록 도와 줄 수 있다.

자녀가 영재 프로그램에 참가하고 있는 경우에 학부모는 반드시 그 사실을 알고 있어야 한다. 일부 학교에서는 학부모가 지나친 자부심을 가지게 될 거라는 잘못된 두려움 때문에 학부모에게 그 사실을 통지하기를 꺼린다. 하지만 학부모는 자녀를 이해하고 지원하기 위해 알 필요가 있다.

불행하게도, 대부분의 교사연수 프로그램은 영재 교육 분야의 연구들을 미처 반영하지 못하고 있다. 때로는 교사 자신들이 어떻게 영재 학생의 요구에 맞는 교과를 구성하고 적절히 지도해야 할지 확신이 없는 경우도 있다. 필요한 교사 연수를 전혀 받지 못했기 때문이다. 학부모는 의문이 있을 때 망설이지 말고 교사에게 질문해야 하고, 또 자녀의 입장을 대변해서 목소리 내기를 주저하지 말아야 한다. 여기에 관한 몇 가지 조언이 제6장에 나와 있다.

학교에서 제공하는 교육 서비스가 자녀에게 잘 맞는지 그렇지 않은지 어떻게 알 수 있을까? 학교에 자주 찾아가는 수밖에 없다. 교사를 껄끄럽게 여기기보다는 적극적으로 교사의 협력자가 되도록 하라. 교사에게 이렇게 말해볼 수 있다. "제가 시간이 좀 있는데요, 교실에서 뭐 도와 드릴 일이 없을까요? 애들한테 제가 이야기책을 읽어주고 싶은데요." 또는 "애들한테 제 취미를 소개하고 함께 해 보는 시간을 가질 수 있을까요? 게시판 꾸미기를 도와 드리거나 사용하실만한 자료를 좀 구해 볼까요?"하고 말이다.

한 학부모는 새 학년 첫날에 빵과 커피를 들고 자녀의 담임 교사를 찾아가는 것으로 협력관계를 위한 첫걸음을 내디뎠다. 그 후에 이 학부모는 자녀가 좋은 경험을 했을 때나 성장한 것이 보일 때 교사에게 긍정적인 코멘트를 적어 전했다. 그 결과 교사는 뭔가 문제가 생겼을 때 더 열심히 들어 주었고 의문 사항에 대해서도 더 기꺼이 의견을 나누려 했다. 가능한 한 긍정적인 태도를 보이도록 하라. 사람은 누구나 긍정적인 피드백을 필요로 한다. 자녀를 가르치는 교사들에게 그들이 잘 하는 것이 무엇인지 알려 주는 일도 교사와의 장기적인 협력 관계를 유지하는 데 도움이 된다.

교사의 역할

학교에서 어떤 교과과정, 어떤 전략을 선택하든지 간에, 학생이 학교를 좋아하게 만드는 데에는 무엇보다도 교사의 역할이 크다. 교과과정을 성공적으로 도입하고 실행하기 위해서는 반드시 그 교과과정의 계획 단계에 교사가 참여해야 하고, 학교 행정은 이를 지원해야 한다. 행정가, 교사, 학생은 함께 협력해서 교과과정을 개발, 실행, 평가해야 한다.

교사의 역할은 안전하면서도 학생에게 자극을 줄 수 있는 학습 환경을 만드는 것이다. 또한 학생이 개별 활동과 소집단, 대집단 활동 사이에서 균형을 맞추도록 도와주는 것도 교사의 역할이다. 교사는 단순한 정보 전달자가 아니라 학습 촉진자 혹은 안내자가 되어야 한다. 또한 학습 경험의 질을 높이는 데 늘 관심을 기울여야 한다.

교과과정을 실제로 실행할 때, 즉 매일 매일의 교육 현장에서 최종 결정권을 가지는 사람은 바로 교사다. 교사는 훈련된 전문가이다. 무엇을 어떻게 가르쳤는지에 관해 행정가로부터 평가를 받는 사람도 교사다. 하지만, 그렇다고 해서 학부모가 교사에게 궁금한 것을 물어보고 자녀를 위한 적절한 교육 프로그램 계획을 주장할 권리가 없는 것은 아니다. 그것은 학부모의 중요한 권리인 동시에 책임이기도 하다.

영재아를 가르치는 교사는 자신보다 더 똑똑할지도 모르는 학생들을 가르치고자 하는 열의가 있어야 하고, 그 학생들에게 위협을 느껴서도 안 된다. 또, 배움을 사랑하고 교사로서의 자신의 능력에 자신감이 있어야 한다. 훌륭한 교사들은 교실에서 학생들이 각자 다른 학습 활동을 할 때에도 유연하고 편안한 태도로 지도한다. 유머 감각도 도움이 된다.

영재 학생들에게 어떤 교사가 '영재' 교사인지 물었을 때 다음과 같은 특성들이 언급되었다.

- 영재아를 이해하고 존중하는 사람

- 학생이 목표를 높이 잡고 그것을 성취하도록 격려하는 사람

- 교과서에서 다루는 수준보다 더 깊이 있게 가르치는 사람

- 학생이 숙제를 잘 했을 때 칭찬을 써 주는 사람

- 학생의 말에 귀를 기울이는 사람

- 책임감 있고 유능하고 혁신적이고 재치 있는 사람

- 학생들을 사랑하고 보살피는 사람

★ 영재아를 가르치는 교사는 자신보다 더 똑똑할지도 모르는 학생들을 가르치고자 하는 열의가 있어야 하고, 그 학생들에게 위협을 느껴서도 안 된다. 또, 배움을 사랑하고 교사로서의 자신의 능력에 자신감이 있어야 한다. 유머 감각도 도움이 된다.

학부모들은 영재반 교사에 대해 어떻게 느끼는가

- "제 아들은 작년에 학교를 그만두고 싶어 했어요. 아픈 척 하기도 하면서 어떻게 해서든지 학교를 빠질 구실을 찾더라고요. 그런데 올해 영재 프로그램에 들어가고 나서는 학교에 대한 태도가 완전히 바뀌었어요. 영재반 선생님이랑 공부하는 것도 좋아하고, 친구들도 새로 사귀었어요."

> • "제 아들은 수학 시간이 지루하다고 너무너무 싫어했어요. 숙제도 안 하고 선생님이 뭐 하라고 시키는 것도 안 했어요. 너무 쉬워서 따분하다면서요. 문제를 대충 푸니까 알면서 실수하는 것도 많았고, 과제도 엉망으로 해서 냈지요. 그런데 올해 학교에서 저희 애를 영재 수학반에 넣었거든요. 애가 너무 좋아해요. 빨리 수학 시간이 오기를 기다리고, 과제도 엄청나게 열심히 하고요. 저희 아들이 그 반에 안 들어갔으면 어떻게 됐을지 생각하고 싶지도 않아요."

> • "제 딸은 영재반 선생님을 정말 좋아해요. 커서 꼭 그 선생님 같은 사람이 되고 싶대요. 영재 프로그램에 들어간 후로 독서도 많이 하고 배움을 사랑하게 됐어요. 이제는 자기가 열심히만 하면 뭐든 하고 싶은 일을 다 할 수 있을 것 같은 기분이 든대요."

영재 학생들을 위한 수업을 계획하고 가르치고 평가하는 일은 교사 입장에서는 더 많은 시간과 노력이 드는 일이다. 많은 전문가와 학부모들은 영재아들이 보통 아이들보다 더 빨리, 더 쉽게 배우니까 영재아를 가르치는 일이 쉬울 거라고 잘못 생각한다. 사실과는 너무나 거리가 먼 얘기다. 영재 아들은 학습량이 많기 때문에 교사가 더 많은 시간과 노력을 들여야 할 뿐만 아니라 복잡하고 수준 높은 수업을 하기 위해 교사가 더 많은 훈련을 받아야 한다. 영재 학생은 양적으로도 질적으로도 더 많은 것을 요구하는 존재다. 교사가 이 학생들의 수준에 맞추려면 교사 자신도 공부를 더 많이 해야 한다. 학부모는 이런 사실을 이해하는 것만으로도 자녀를 가르치는 교사에게 좀 더 긍정적인 태도를 가지고 힘이 되어 줄 수 있다.

수업 시간이나 기타 다른 때에 도움을 줄 수 있도록 시간을 내 보라. 학부모가 교사에게 도움을 주는 방법으로는, 외부 자료나 정보 조사하기, 수업시간에 교사 보조하기, 소집단 심화학습 활동 지도하기, 등과 같은 것이 있다.

이제는 지루하지 않아요

교육자인 주디 갤브레이스(Judy Galbraith)는 영재아들의 가장 큰 불평 중의 하나가 "학교에서 배우는 내용이 너무 쉽고 따분해요."라고 지적했다. 아래에 나오는 학생들의 말을 들어 보면 학교가 학생들에게 좀 더 도전감을 주기 위해 어떻게 해야 할지 알 수 있다.

- "저는 수업 시간에 제가 이미 아는 내용이 나오면 선생님께 말씀드려요. 그러면 선생님은 그 시간에 제가 다른 걸 공부하는 것을 흔쾌히 허락하세요."
- "저는 수업 시간에 해야 되는 걸 다 끝내고 나면 선생님께 컴퓨터 써도 되냐고 여쭤봐요. 저는 컴퓨터를 좋아해서 몇 시간씩이라도 몰두할 수 있거든요."

프로그램이 학생에게 잘 맞을 때

영재아와 영재 프로그램이 궁합이 딱 맞을 때, 즉 교과과정이 아이의 교육적 요구를 충족시킬 때 어떤 일이 벌어질까? 학부모들은 이렇게 말한다.

- "드디어 아이가 공부에 의욕을 가지게 됐어요."
- "아이가 자신감이 커졌어요."
- "아이가 학교 가는 걸 좋아해요. 주말에도 가고 싶어 할 정도예요."
- "학교 공부를 하려면 이것저것 해야 할 일이 많긴 하지만 재미있대요."
- "전에는 저희 아이가 아는 척한다고 다른 아이들한테 놀림을 받았었는데 이제는 그렇지 않아요. 사고 수준이 같은 아이들과 함

께 있으니까요. 그 아이들은 저희 아이를 있는 모습 그대로 받아들여요."

프로그램이 학생에게 맞지 않을 때

때로는 학부모가 교사, 학교 당국과 회의도 하고 그 윗선의 의사 결정자들까지 찾아가 보았는데도 불구하고 아무 변화가 없을 수도 있다. 그것은 그 학교에 내실 있는 영재 프로그램을 운영하기 위한 자원이나 노하우가 없기 때문이다. 이런 경우에 학부모는 어떻게 해야 할까? 학부모가 선택할 수 있는 길에는 어떤 것들이 있을까? 다음은 학부모가 고려해 볼만한 대안들이다.

공립학교

일부 학구에서는 학생이 그 학구 내에서 다른 학교로 전학하는 것을 허용한다. 학부모는 해당 학구의 규정을 알아보아야 한다. 또, 공영형 혁신학교 같은 대안도 선택할 수 있는지 알아볼 필요가 있다. 이런 학교는 공립학교제도의 틀 내에서 학생과 그 가족에게 더 많은 선택의 여지를 제공하고 공립학교간의 경쟁을 촉진하고 결과적으로 학생들의 교육을 향상시

키고 개혁하기 위해 만들어졌다.

• <u>**공영형 혁신학교(charter school)**</u>　　학교 이사회가 아니라 교육자, 학부모, 지역 인사에 의해 독립적으로 운영되는 공립학교이다. 그 학교만의 독특한 소명의식, 교육 철학, 교과과정, 테마, 교수법에 따라 학생들을 교육할 수도 있다. 일반 공립학교와 달리 학교 운영에 관한 경직된 규정이나 규제에서 어느 정도 자유롭다. 학부모는 이런 유형의 학교를 선택하기 전에 먼저 그 학교의 교육철학과 교사들에 대해 알아보고, 학교를 직접 방문해서 자녀에게 잘 맞는 곳인지 확인해 보아야 한다.

사립학교

사립학교는 종교 단체에서 운영하는 학교에서부터 외국어, 과학, 예술 등 특정 분야에 초점을 맞춘 학교에 이르기까지 그 유형이 다양하고 등록금에서도 편차가 있다. 사립학교라고 해서 공립학교보다 더 나은 교육, 영재아에게 더 잘 맞는 교육을 할 것이라는 보장은 없다. 수업시간에 가르치는 내용이 아이가 이미 아는 것일 때에는 아이가 어떻게 할 수 있는지, 영재아들을 위해 교과과정을 어떻게 변형해 줄 수 있는지 반드시 미리 물어보아야 한다.

사립학교는 학부모의 기대를 많이 충족시켜 줄 수도 있지만, 학비가 많이 드는 경우가 많다. 학비가 얼마나 드는지, 어떤 장학금 제도가 있는지 미리 알아볼 필요가 있다.

홈스쿨링

어떤 부모들은 영재 자녀를 위해 홈스쿨링을 택한다. 홈스쿨링이란 자녀를 전통적인 학교 체제 바깥(주로 집)에서 교육하는 것으로 전일제 또는 시간제로 이루어진다. 부모나 멘터가 아이의 학습을 지도하며, 학생의 학습 욕구를 충족시키고, 보다 흥미롭고 도전감을 주는 경험을 제공하는 것을 목표로 삼는다.

홈스쿨링을 하려면 시간과 자원을 엄청나게 투입해야 하지만 얻는 것 또한 많다. 특히 또래 아이들과 배우는 속도가 다른 아이들에게는 많은 이점이 있다. 홈스쿨링을 하게 되면 영재아들이 더 이상 급우들에게 선생 노릇을 할 필요도, 다른 아이들이 이해할 때까지 기다릴 필요도 없어진다. 또한, 학교 교실에서는 이런저런 학생 훈육 문제로 귀중한 수업 시간을 빼앗기는 일이 많지만 홈스쿨링에서는 그런 일이 없다.

학부모는 자녀의 학습 스타일, 관심 분야, 학습 준비도에 맞추어 학습 계획을 세울 수 있다. 아이가 예민하게 받아들이는 부분이나 특별히 좋아하는 주제를 감안해서 학습 강도나 스케줄을 조절할 수도 있다. 더 깊이 있고 복잡한 내용을 탐구할 수도 있다. 현장 학습을 나갈 수도 있고 규정에 얽매이지 않고 프로젝트를 계획할 수도 있다. 한 학부모는 아들과 장기적으로 함께 공부할 수 있어서 참 좋았다고 말한다. 아들이 배움에 대한 사랑을 키워나가는 것을 볼 수 있었고, 아들이 배우고 있는 개념들을 실생활의 다른 영역에 연결시키도록 도와 줄 수 있었기 때문이다.

하지만 홈스쿨링은 쉽지 않은 일이므로 가볍게 생각해서는 안 된다. 학교에는 교과서와 문서화된 교과과정이 있고, 또 각자 다른 전공 분야의 교사들이 있다. 홈스쿨링을 하는 부모는 모든 과목에 대한 지식이 있든지, 그렇지 못한 경우 문서화된 교과과정과 학습 정보를 구할 수 있든지 둘 중 한 가지 조건은 갖추어야 한다.

홈스쿨링을 고려중인 학부모는 자녀를 나중에 다시 학교로 돌려보낼 것인지를 생각해 보아야 한다. 홈스쿨링을 하는 학생 중 일부는 고등학교에 들어가는 쪽을 택하는데, 그것은 학교에 가면 놀이, 동아리 활동, 우등생반이나 특별반, 운동, 밴드, 연극 등에 참여할 수 있기 때문이다. 홈스쿨링을 하다가 학교에 들어간 학생 중 일부는 학업에서 급우들을 앞선다. 반면 어떤 아이들은 자기의 지식에 군데군데 빈 곳이 있다는 사실을 고등학교에 들어가서 발견한다.

자녀가 고등학교에 안 다니고 홈스쿨링을 하는 경우에 학부모는 자녀의 고급 학습 욕구를 충족시켜 주어야 한다. 따라서 학부모는 자신이 외국어, 수학, 과학, 문학, 역사 및 심층적인 자료조사 기술을 가르칠 준비가 되어 있는지 잘 생각해 보아야 한다. 어떤 학부모들은 학교보다 더 잘 가르칠 수도 있을 것이고, 또 다른 학부모들은 그렇지 못할 것이다. 또 한 가지 생각해 보아야 할 것은, 아이가 배운 것을 어떻게 평가하고 어떻게 기록을 남길 것인가 하는 문제다. 더불어 아이가 장차 무엇을 하고 싶어 하는지도 파악해야 한다.

어떤 학생들은 학교에서 얻을 수 있는 사회적 경험을 아쉬워하는 반면 다른 학생들은 그런 것에 별 미련이 없다. 이웃 아이들과 같은 경험을 하지 못한다거나 같은 사람을 알지 못한다는 것이 어떤 아이에게는 문제가 되지만 또 다른 아이에

홈스쿨링을 하는 부모는 모든 과목에 대한 지식이 있든지, 그렇지 못한 경우 문서화된 교과 과정과 학습 정보를 구할 수 있든지 둘 중 한 가지 조건은 갖추어야 한다.

게는 그렇지 않다. 어떤 아이들은 학교에 다님으로써 얻어지는, 부모로 부터의 독립된 생활이 없다는 것을 아쉬워한다. 부모에게 말해 줄 수 있는 아이 자신만의 경험을 가지고 싶어 하는 것이다. 하지만 또 어떤 아이들은 집에서 부모한테 배울 수 있어서 좋아한다.

홈스쿨링을 하는 학부모는 다른 홈스쿨링 가정들과 모임을 만드는 것이 좋다. 함께 모여 연구 과제를 수행하거나, 공원, 연주회, 박물관에 가거나, 독서 토론을 하거나, 연극을 무대에 올리거나, 축구를 할 수도 있기 때문이다. 홈스쿨링을 하는 학부모 중 일부는 협동조합을 결성해서 아이들이 더 다양한 주제와 관심사를 탐구할 수 있게 해 준다. 학부모들은 서로 취약한 분야를 보완해 주고 또 각자의 강점을 살릴 수 있다. 예를 들어, 과학을 전공한 학부모는 아이들 몇 명을 모아 심도 있는 과학 연구 과제를 지도할 수 있다. 또, 음악을 전공한 학부모는 아이들에게 좋은 음악 교사가 될 수 있을 것이다. 학생들 역시 부모 한 사람이 전적으로 학습을 지도할 때보다 다양한 강점을 지닌 어른 여러 명이 지도할 때 더 많은 혜택을 받는다.

자녀에게 학습 장애나 언어 장벽과 같은 특수한 문제가 있는 경우에는 그로 인해 홈스쿨링에 좀 더 어려움이 따를 수도 있다는 점을 고려해야 한다. 공립학교에는 특정 학습 장애를 가진 학생을 돕기 위한 전문가들이 있다. 예를 들어, 언어 장애가 있는 학생이라면 언어치료 전문가의 도움이 필요할 것이다. 이 아이의 부모가 그 분야에서 일정 수준 이상의 훈련을 받은 사람이 아니라면(그런 사람이 몇이나 있겠는가?) 아마도 부모보다는 학교가 이 아이에게 필요한 것을 더 잘 제공할 것이다. 따라서 한동안은 아이가 홈스쿨링과 학교 공부를 병행하도록 하는 것이 최선일지도 모른다.

아직 우리나라에서는 교육법상 홈스쿨링을 정식 학력으로 인정하지 않고 있다. 그러므로 홈스쿨링을 계획하고 있는 학부모는 반드시 관련 규정을 확인해 보아야 한다. 홈스쿨링을 하고 있는 다른 가정들과 교류하는 것도 정보를 얻는 좋은 방법이다.

부모가 홈스쿨링 이외에 시간을 할애해야 할 다른 일이 있다면 시간제 홈스쿨링을 하는 편이 좋다. 이때 학부모는 학교와 협력해서 아이가 가진 특별한 흥미를 키워주어야 한다. 학교에서 가르치는 내용을 기본 틀로 삼되 아이가 개별적으로 연구 과제를 진행하게 할 수 있다. 인터넷도 검색해 보고, 방학 동안 홈스쿨링을 시도해 보기도 하며 부모와 자녀 모두에게 잘 맞는 방법을 찾아야 한다.

하나의 프로그램이 자녀가 필요로 하는 모든 것을 줄 수는 없다. 각각의 방법에는 그마다의 장단점이 있다. 어떤 방법이 한 아이에게 효과가 있다고 해서 다른 아이에게도 꼭 효과가 있으란 법은 없다. 부모는 어떤 방법이 자녀에게 필요한 것을

학부모는 학교와 협력해서 아이가 가진 특별한 흥미를 키워주어야 한다. 학교에서 가르치는 내용을 기본 틀로 삼되 아이가 개별적으로 연구 과제를 진행하게 할 수 있다.

줄 수 있을지 탐색해 보고 결정을 내릴 권리와 책임이 있다. 인내와 끈기를 가진 학부모는 자녀에게 보다 나은 교육 기회를 줄 수 있을 것이다.

영재 교육 개선을 위해
적극적으로 나서기

성공이란 사람들을 한 편으로 밀쳐 내모는 것과 내 편으로 끌어들이는 것의 차이를 아는 것이다. - 빌 코플랜드

내 아이가 더 나은 교육을 받게 하기 위해 내가 무엇을 할 수 있을까?
영재 프로그램과 영재아들을 위해 더 많은 지원과 예산을 얻어내려면 어떻게 해야 할까?

영재 자녀에게 가능한 한 최상의 교육을 받게 해 주고 싶다면 영재 교육을 지지하는 활동에 적극적으로 참여해야 한다. 당신의 적극적인 참여는 단지 당신의 자녀뿐만 아니라 모든 아이에게 도움이 될 것이다. 교육을 통해 모든 아이들이 자신의 잠재력을 완전히 계발해낸다면 그것은 우리 모두에게 좋은 일이다. 학부모로서 효과적으로 영재아들의 권익을 주장하려

학부모로서 효과적으로 영재아들의 권익을 주장하려면 뭔가에 맞서 싸운다는 생각 대신 영재아들을 대변하고 옹호한다는 생각을 가질 필요가 있다. 그런 입장을 취할 때 더 나은 결과를 얻을 수 있다.

면 뭔가에 맞서 싸운다는 생각 대신 영재아들을 대변하고 옹호한다는 생각을 가질 필요가 있다. 그런 입장을 취할 때 더 나은 결과를 얻을 수 있다.

안타깝게도 우리 사회가 영재들에 대해 다소의 편견을 가지고 있는 것이 현실이다. 우리 사회는 영재들의 재능을 이용하고 싶어 하면서도 그 재능을 육성하는 데 필요한 투자는 하고 싶어 하지 않는다. 교육 행정가나 교사들 중에서 영재교육을 지지하는 사람은 소수파에 속한다. 법률을 만드는 사람들과 정책 결정자들도 대부분 영재 교육과 관련된 사안을 잘 알지 못한다. 영재교육에 투입되는 정부 예산도 형편없이 적은데, 아마도 영재들은 특별한 교육적 배려가 필요 없다는 통념이 그 원인 중 하나일 것이다. 영재 학생들에게 적절한 교육 서비스를 받게 해 주려면 학부모들이 힘을 모아 목소리를 내야 한다. 우리 학부모에게는 자녀의 권익 실현에 필요한 지혜와 지식이 있기 때문이다.

권익 옹호 활동의 6단계

교실 안에서 자녀의 권익을 옹호하는 경우든, 전국의 영재아들을 위해 활동하는 경우든 간에 권익 옹호 활동은 다음과 같은 6단계로 이루어진다.

1. **정보를 수집 한다**　아는 것이 힘이다. 아이에게 무엇이 필요한지, 학교에서 어떤 교육 서비스를 제공할 수 있는지, 어떤 전략이 영재학생들에게 효과가 있는지 알아야 한다. 목표를 향해 가는 과정에서 어떤 문제와 장애물을 마주칠 수 있는지도 확인하라.

2. **우리 편을 확인 한다**　영재 교육 개선이라는 공통의 이해를 가지고 있는 사람과 조직을 찾아야 한다. 더 큰 힘을 발휘하기 위해 이들과 연계하라.

3. **게임의 규칙을 배운다**　학교, 교육위원회, 지역 교육청, 국회에서 방침과 규정, 법률을 결정하는 과정을 이해해야 한다. 변화를 이끌기 위해서는 교육체제의 작동 원리를 알 필요가 있다.

4. **문서로 기록을 남긴다**　교사나 교장 등과의 면담 기록, 학업 평가 결과, 아이의 작품 샘플, 정책입안자들에게 보냈던 편지들을 모두 보관하라.

5. **해결책을 제안한다**　문제를 밝히기는 쉽지만 해결책을 찾기는 어렵다. 학부모는 영재교육 개선을 위한 구체적이고 현실적인 방안을 제안함으로써 도움을 줄 수 있다.

6. **끈기를 가진다**　하룻밤 새에 변화가 일어나지는 않는다. 학부모와 지역 인사들이 꾸준히 노력할 때 지속적인 변화를 기대할 수 있다.

가까운 데서부터 시작하라. 우선 무엇보다도, 자녀의 학교에서 일어나는 일들을 늘 알고 있어야 한다. 학교에서나 학부모회에서 최대한 적극적으로 활동하라. 그렇게 하면 교실 안팎에서 일어나는 일들을 잘 알 수 있다. 자녀의 교실에서 도움을 줄 수 있는 일이 있다면 가능한 한 도움을 주고, 당신이 잘 하는 것이나 취미로 하는 것을 그 반 아이들에게 가르쳐 주겠다고 제안하라. 자녀의 담임교사와 가깝게 지내며 긴밀한 협력관계를 맺도록 하라.

자녀의 말에 귀를 기울이도록 하라. 내가 우리 아이에게 학교에서 뭘 했냐고 물으면 아이는 "아무 것도 안 했어요"라고 대답하곤 했었다. 하지만 나는 아이가 어떤 새로운 것을 배웠는지, 그래서 이미 아는 것을 반복하는 것이 아니라 어려운 개념을 이해하기 위해 어떤 노력을 하고 있는지 알고 싶었다. 결국 나는 "오늘 학교에서 뭐 했니?"라고 묻는 대신 "오늘 뭐를 새로 배웠니?"라든가 "오늘 배운 것 중에 뭐가 어려웠니?"라고 묻는 법을 터득했다.

영재 교육에 관해 들은 말 중에 의문이 가는 것이 있다면 뭐든 주저하지 말고 물어보도록 하라. 놀랍게도, '영재'라는 말이 이름에 들어가 있다고 해서 모두 영재교육에 관계된 것은 아닐뿐더러 개중에는 교육적인 측면에서 봤을 때 바람직하지 않은 것마저 있기 때문이다. 적극적으로 활동함으로써 당신은 자녀에게 좋은 역할 모델이 될 것이다. 행동은 말보다 더 설득력이 있다.

부모 자신에게도 지원군이 필요하다

아마도 당신은 영재 자녀를 키우며 이런 부모는 나 혼자라는 생각에 막막함을 느끼는 일이 종종 있을 것이다. 하지만 당신은 혼자가 아니다. 전체 학생의 3~4퍼센트만 영재라고 추정해도 그 수는 엄청나다. 그 학생들의 부모들 역시 당신과 똑같은 걱정과 두려움, 희망을 가지고 있다. 그 중의 몇 명만 찾으면 된다.

학부모 단체에 참여하면 정신적인 지원과 동료 등 많은 것을 얻을 것이다. 그 단체가 목적을 가지고 있는지 확인해 보라. 새 회원을 환영하고 과도한 회비를 받지 않는 단체를 찾아 보라. 학부모 단체에 참여하면 의견을 교환하고 지식을 늘릴 기회를 얻을 수 있다. 어떤 단체들은 관심 있는 주제에 대한 강연이나 프로그램을 주최하기도 한다. 학부모들은 이런 곳에서 영재 자녀의 권익 주장을 위해 같이 힘써 줄 다른 사람을 만나기도 한다.

거주 지역에 영재 학생을 위한 학부모 단체가 없다면 당신이 만들어 보라. 해당 교육청의 영재 교육 담당자에게 문의하면 다른 영재 학생의 부모들과 연결시켜 줄지도 모른다.

거주 지역에 영재 학생을 위한 학부모 단체가 없다면 당신이 만들어 보라. 해당 교육청의 영재 교육 담당자에게 문의하면 다른 영재 학생의 부모들과 연결시켜 줄지도 모른다.

모임을 가질 때는 분명한 안건이나 주제가 있어야 한다. 이야기 주제로는 자녀 훈육, 형제간의 경쟁의식, 시간관리, 영재 프로그램 개선을 위한 활동 등과 같은 학부모들의 관심사가 적당하다.

해당 교육청에 영재 교육 담당자가 없다면 학교의 교사나 교장에게 도움을 받아 영재 자녀를 둔 다른 학부모들을 찾아보라. 인접 지역 학부모 단체와의 교류를 통해 그 사람들은 어떻게 시작했는지, 어떤 문제에 부딪혔었는지, 그 지역에는 어떤 프로그램이 있는지, 어떤 지원을 받고 있는지(우편물 발송, 복사, 다과 준비 등을 위해 자금이 필요하다) 배우는 것도 좋은 방법이다.

학부모 단체를 시작하려면 우선 모임을 가질 장소와 시간을 정해야 한다. 그 다음 지역 도서관에 벽보를 붙이고 아동 도서 코너의 사서에게도 말을 해 놓아야 한다. 이 사서가 당신의 단체에 관심을 가질만한 학부모들을 알고 있을 수도 있기 때문이다. 자녀가 다니는 학교의 소식지에도 공고를 실어 주도록 요청하라. 모임에서 논할 안건을 정하라. 영재 학생들을 위한 교육 서비스를 얻어낸다는 목표에 늘 집중하라.

영재 자녀를 둔 다른 학부모들이 원하는 것이 무엇인지도 알아야 한다. 그들이 중요하게 느끼는 사안은 무엇인가? 공식적으로 학교에 부탁해서 질문지를 돌릴 수도 있고 비공식적인 전화 통화로 물어볼 수도 있다. 다른 학부모들의 요구사항을 정리해 보면 앞으로 영재 프로그램들이 어떤 점을 갖추어야 할지 어느 정도 윤곽을 잡을 수 있다.

모임을 가질 때는 분명한 안건이나 주제가 있어야 한다. 그렇지 않으면 자식 자랑이나 교육 현실에 대한 불만을 쏟아내는 자리로 변질될 수 있다. 이야기 주제로는 자녀 훈육, 형제 간의 경쟁의식, 시간관리, 영재 프로그램 개선을 위한 활동 등과 같은 학부모들의 관심사가 적당하다. 영재교육 분야의 전문가나 그 지역 대학의 교수를 초빙해서 강연을 듣거나 영재아들의 의견을 직접 듣는 시간을 가지는 방법도 생각할 수 있다.

회원들끼리 평범한 대화를 나눌 수 있는 시간도 있어야 한다. 영재 자녀를 둔 학부모들은 대개 비슷한 문제를 겪은 사람들이기 때문에 해결책이라든지 경험에서 나온 조언 같은 것을 다른 사람들에게 들려주고 싶어한다.

외부인들이 당신과 그 단체의 회원들을 자기만족을 위해 극성을 떠는 부모들로 여기더라도 거기에 흔들리지 않아야 한다. 내 경험에 비추어 보건대 대개의 경우 그 반대다. 대부분의 부모들은 자기 자녀의 영재성을 낮춰 말하려 한다. 심지어 어떤 부모는 아이가 영재가 아니라고 부정하기까지 한다.

영재 자녀를 둔 다른 학부모들과 마찬가지로, 당신 역시 가족이나 이웃, 친구들에게서 이해 받지 못할 결정을 내려야 할 때가 있을 것이다. 아마도 이들은 당신이 학교운영위원회에 참석한다든지, 아이를 전학시켜서 집에서 먼 학교에 다니게 한다든지, 집에서 아이를 가르친다든지, 월반을 시킨다든지 하는 것들을 좋지 않게 생각할 것이다. 특히, 가까운 사람이 중심으로 그런 반대의 목소리를 낼 때에는 자녀를 위한 과감

한 결단을 내리기가 몹시 힘들다. 이런 때에 당신을 지지해주는 학부모 단체와 당신을 이해하고 공감해주는 다른 학부모가 큰 힘이 될 것이다.

거주 지역에서의 활동

학부모는 학교 체계에서 영향력을 행사할 수 있는 가장 큰 단일집단으로서 교사나 행정가들보다 더 큰 힘을 가지고 있다. 학교는 우리 사회의 축소판이고, 따라서 당신이 사회의 중요한 일부인 것처럼 학교의 중요한 일부이기도 하다.

학부모들의 적극적인 목소리와 참여가 없다면 영재 프로그램들은 살아남지 못한다. 어머니와 아버지들이 교사, 행정가, 교육위원회와 협력 관계를 유지하며 노력한 끝에 자녀의 학교에 중요한 변화를 이끌어낸 예가 무수히 많다.

도로시 크나퍼(Dorothy Knopper)는 그런 학부모 운동의 모범 사례라 할 수 있다. 그녀는 일단의 학부모들과 함께 개인별 교육 및 영재 학생들을 위한 특수 교과과정 도입을 촉구했다. 이 학부모 단체는 시범 영재 프로그램을 개발하는 데 한몫을 담당했고, 그 프로그램은 현재 미시건 주 리보니아에서 운영 중이다. 그녀의 활동은 주정부에까지 영향을 미쳐서 1974년에 미시건 주에서는 영재교육을 위한 기금을 지원하고 주정부에서 영재 교육 전문가를 고용하도록 하는 법이 제정되었다.

어느 시점에서든지 간에 교육 체계의 개선을 위해 노력하라. 언젠가는 반드시 그 혜택이 당신의 자녀에게 돌아올 것이다. 이제 학부모가 할 수 있는 일이 무엇인지 구체적으로 살펴보자.

> 어느 시점에서든지 간에 교육 체계의 개선을 위해 노력하라. 언젠가는 반드시 그 혜택이 당신의 자녀에게 돌아올 것이다.

의견 전달하기 : 교사에서부터 시작하라

영재 프로그램이 성공하려면 관련자 모두가 협력해야 하고 또 서로 조금씩 양보할 자세를 갖추어야 한다. 만약 자녀가 참가하고 있는 영재 프로그램이 정규 학급과 실질적인 차이가 없다거나 교사가 영재 프로그램을 효과적으로 운영하지 못한다면 학부모는 자녀를 위해 나설 필요가 있다.

교육 체계는 고도로 구조화된 조직이다. 일반적으로, 문제가 있을 때에는 가장 아래 단계에서부터 시작해서 차례로 상급자를 만나며 문제를 풀어나가는 것이 최선이다. 예를 들어, 자녀가 늘 이미 아는 것을 반복해서 연습하는 숙제를 하는 것을 보았다고 하자. 아이가 다섯 문제만 풀면 어떤 개념을 완전히 이해하는데 숙제는 50문제를 푸는 것이라거나, 받아쓰기 시험용 단어를 다 알고 있는데 20번씩 써 가야 한다면, 자녀의 교사를 만나 의견을 나눌 필요가 있다.

아이가 어떤 교사 때문에 문제를 겪고 있다면 일단 그 교사에서부터 시작해야지 처음부터 교장이나 교육감을 찾아가선 안 된다. 단계를 건너뛰고 상급자를 찾아간다면 그 교사와 이야기해 보았냐는 질문부터 받게 될 것이다. 그 교사가 어떻게 반응할지 뻔하더라도 우선 그 교사부터 만나도록 하라. 그랬는데 결과가 만족스럽지 못하다면 그때 교장에게 가도록 하라.

일부 교육청에서는 영재 프로그램 담당자를 따로 두고 있다. 과중한 업무에 바쁜 사람들이긴 하지만 당신의 편이 되어줄지도 모른다. 영재 프로그램 담당자들은 관내의 전반적인 프로그램 운영 상황을 알고 있을 뿐만 아니라 영재 학생들에게 무엇이 필요한지도 이해하는 사람들이다. 또한 이들에게 어느 정도의 발언권이 있을 수도 있다.

만약 해당 교육청에 영재 프로그램 담당자가 따로 없다면 특수교육 담당자에게서 가장 나은 정보를 얻을 수 있다. 교육 체계 내에서 우리편 즉 영재교육 옹호자를 찾아낸다면 당신이 혼자 주장할 때보다 그쪽에서 귀를 기울여줄 가능성이 훨씬 더 크다.

다른 학부모 중에 교육 체계에 대해 잘 아는 사람이 있다면 그 사람도 큰 도움이 될 수 있다. 교육청이나 관련 기관에 문의하면 영재 자녀의 학부모 모임을 소개받을 수 있을지도

모른다. 교육 체계에 대해 최대한 공부하고 정보를 얻도록
하라.

성공적인 교사 면담을 위한 열 가지 비결

1. 면담 약속을 정한다. 약속 없이 무작정 들러서는 안 된다.
2. 자녀가 한 것, 말한 것, 관심 있는 것, 읽은 것들을 문서로
   작성한다. 각각의 날짜도 기입한다.
3. 하고 싶은 말을 충분히 생각하고 정리한 다음 교사를 만난
   다.
4. 표현을 신중하게 선택한다. 긍정적인 의견을 말하는 것부
   터 시작한다.
5. 교사가 모든 일을 다 하기를, 혹은 모든 질문에 답해주기
   를 기대해서는 안 된다. 교사와 협력관계를 이루도록 하
   라. 해결책을 협의하라.
6. 정중한 태도로 요령 있게 말한다.
7. 자녀에게 필요한 것이 무엇인지에 초점을 맞춘다. 교사가
   잘못 하고 있는 점에 초점을 맞추어서는 안 된다.
8. 교사의 말을 경청한다.
9. 유머감각을 잃지 않는다.
10. 헤어지기 전에, 무엇을 어떤 스케줄로 해나가기로 했는지
    두 사람이 동의한 것들을 요약한다. 그 계획의 진척 상황
    에 대해 이야기할 시간을 정한다.

어떤 때는 이성보다 감정이 앞선 나머지 공격적으로 행동하고 싶은 충동이 들 수도 있다. 학교 체계에 대한 불만과 짜증이 정당한 것일 수도 있겠지만 당신의 생각을 전하고 인정받기 위해서는 외교술이 필수적이다. 주장은 확실하게 하되 공격적인 태도를 취해서는 안 된다.

강압적이고 상대방을 불쾌하게 하는 부모는 도움이 되기보다는 해가 되는 경우가 많다. 뭔가에 대해 몹시 화가 났을 때는 얼마간 시간을 가지고 가라앉히도록 하라. 생각을 글로 쓴 다음 혼자만의 것으로 묻어두도록 하라. 산책을 한다든지 하며 열을 식히고 하룻밤 자며 신중히 생각해 보라. 당신은 지원을 받고 싶어 한다. 그런데 변화를 일으킬 수 있는 힘을 가진 사람들을 다 떨어져나가게 한다면 그 지원은 얻을 수 없다.

영재 수업을 너무 강압적으로 요구하면 저항에 부딪히게 된다. 그보다는 이런 식으로 말하는 것이 더 좋은 결과를 얻을 수 있다. "교실(학교, 위원회, 교육청)에서 참 잘 하고 계신다는 말을 많이 들었어요. 학생들 한 명 한 명의 특성과 능력에 모두 맞추어 교육을 한다는 건 정말 쉽지 않은 일일 것 같아요. 최선을 다하고 계신다는 것 알고 있어요. 하지만 아무리 훌륭한 선생님(행정가, 위원)이라 하더라도 영재 학생들에게 주실 수 없는 게 하나 있어요. 바로 그 학생들이 같이 지내며 인간관계를 형성하고 생각을 교환할 기회예요. 그 학생들에게는 그런 기회가 필요해요. 그런 이유로 적어도 하루에 몇 시간은 정규 학급에서 나와서 다른 교실로 가거나 아니면 정규 학급 안에서 다른 걸 하게 해 줘야 한다고 생각해요."

교사(또는 당신이 도움을 청하려고 만나는 다른 사람)에게 이야기할 때 피해야 할 표현과 바람직한 표현의 몇 가지 예

〈이렇게 말하는 대신〉	〈이렇게 말하라〉
• "왜 영재 프로그램이 제대로 안 돌아가는 거죠? 이 학교는 왜 이래요?"	• "영재 프로그램이 도입된 지 얼마 안 돼서 교과과정 개발에 시간이 필요하다는 것은 알고 있습니다만, 올해 어떤 계획을 가지고 계신지요? 제가 뭘 도와 드리면 좋을까요?"
• "왜 우리 시(도)에서는 영재 아들을 위해 _____를 안 해 주는 건가요?"	• "앞서가는 교육을 하려고 노력하신다는 것 알고 있습니다. 그래서 제 생각에는 (제가 읽은 자료, 새로운 교육 이론, 도움이 될 전문가, 영재교육 관련 회의……)에 대해 알려 드리면 좋아하실 것 같은

• "이 교과과정은 시대에 뒤
떨어져서 저희 아이한테 안
맞는다는 사실을 모르시겠
어요?"

• "선생님(또는 교장 선생님, 교
육감님, 위원님)께서는 우리
시(도)의 교과과정에 대해 어
떻게 생각하세요? 만약에
좀 바꿀 수 있다면 어떤 부
분을 바꿔야 한다고 생각하
세요? ____를 고려해 보신
적은 없으세요?"

데요."

교육위원회와 협력하기

학교는 여러 면에서 기업과 유사하다. 하지만 학교는 그 운
영에 필요한 전문지식이 거의 없는 사람들이 운영의 핵심을
맡고 있다는 점에서 차이가 있다. 그들은 바로 교육위원회 위
원들이다. 교육위원회는 해당 시도의회에 제출할 조례안,
예 · 결산, 기금의 설치 · 운용 등 교육과 관련된 전반적인 사
항을 심의 · 의결하는 기관이다.

교육위원들은 학교운영위원회에 의해 선출되는데, 이들은
모두 해당 지역의 교육 발전이라는 공통의 목적을 위해 모인

지역 인사들이다. 하지만 개개인으로 보자면 이들 역시 보통 사람들과 마찬가지로 각자가 가진 교육에 대한 신념이 다르고 지식 수준에서도 격차가 있다.

내가 아는 어떤 학부모들은 그 지역 교육청에서 영재학생들을 배려하지 않는 데 불만을 품고 상황을 변화시키기 위해 힘을 모았다. 그 교육청의 교육 철학에 명시되어 있는 '모든 아동에게는 배울 권리가 있다' 는 말에 영재 학생도 포함된다는 것이 이들의 생각이었다. 교육위원회에서 영재 프로그램을 위한 계획을 반대하자 이들은 위원회를 결성해 교육위원 후보로 내세울만한 그 지역의 영재교육 지지자들을 물색했다. 그렇게 찾은 지지자들은 이 학부모들의 열성적인 지원을 받아 교육위원에 입후보한 후 당선되었다. 교육위원회 위원의 과반수가 영재 프로그램을 지지하는 사람으로 채워지자 영재 프로그램의 성공에 필요한 토대와 자금도 확보되었다.

교육위원회의 협력을 받고자 할 때 각 위원의 배경과 강·약점을 알고 있으면 도움이 된다. 교육위원들과 커피를 한 잔 마시면서 이야기를 나눠 보라. 영재교육을 지지하는 신문기사나 연구 결과 요약문을 전해 주도록 하라. 당신과 비슷한 이상을 가지고 영재아들의 권익 향상을 주장하는 위원을 밀어 주도록 하라.

교육위원회의 회의를 방청하면 위원들과 안면을 트고 그들의 관심사를 아는 데 도움이 된다. 일이 어떻게 돌아가고 있

교육위원들과 커피를 한 잔을 마시면서 이야기를 나눠 보라. 영재교육을 지지하는 신문기사나 연구 결과 요약문을 전해 주도록 하라.

는지 파악하라. 당신의 주장에 동조해 줄만한 위원을 찾아서 어떻게든 같은 편으로 만들도록 하라. 그와 동시에 당신의 주장에 반대할 법한 위원들도 찾아내서 그 사람들과도 이야기를 나누도록 하라. 그들의 반대의견을 들어보고 혹시 당신의 주장을 들어볼 의향이 있는지 물어 보라. 서로 동의가 가능한 부분, 혹은 당신이 양보할 수 있는 부분은 없는지 보라. 굳이 논쟁을 할 필요는 없다. 중요한 것은, 다른 사람들은 그 문제를 어떻게 보고 있는지 이해하는 것이다. 귀중한 시간과 에너지를 논쟁에 소모하지 않도록 하라. 논쟁은 적대감만 키울 뿐이다. 실태조사위원회나 특별위원회의 일원으로서 도움을 주겠다고 제안하라. 당신의 주장을 뒷받침하는 글이나 연구결과를 건네주도록 하라.

'그들'을 움직이기

대부분의 경우, 지역 교육청은 정부의 자금 지원이 없으면 영재 프로그램을 제대로 운영하기 힘들다. 그래서 거의 모든 지역에서 학부모, 학부모 단체, 그 외 관련 단체들이 그 지역 영재교육의 활성화를 위해 적극적인 활동을 펼치고 있다. 이런 활동에 참여하고자 한다면(이때 혼자보다는 다른 학부모들과 함께 하는 편이 좋다) 우선 정부의 자금 지원을 받기 위한 조건이 무엇인지부터 알아보도록 하라. 아마 다른 학부모 단체에 가면 이런 정보를 얻을 수 있을 것이다. 영재교육과 관련된 법률, 조례, 규칙 등에 익숙해져야 한다. 그래야 무엇이 가능하고 무엇이 가능하지 않은지 알 수 있다.

정부에서 각 지역 교육청에 언제, 어떻게 자금을 배분하는지, 그 자금은 언제부터 언제까지 사용 가능한 것인지 알아보라. 또, 인구 규모가 비슷한 다른 시(도)의 사정은 어떤지도 알아보라.

영재교육에 필요한 정부 예산 및 기금에 대한 의결권은 국

> ★ 정부의 자금 지원을 받기 위한 조건이 무엇인지부터 알아보도록 하라. 영재교육과 관련된 법률, 조례, 규칙 등에 익숙해져야 한다. 그래야 무엇이 가능하고 무엇이 가능하지 않은지 알 수 있다.

회의원에게 있는데, 이들은 유권자들의 전화나 편지, 방문 등에 흔히 영향을 받는다. 해당 지역의 국회의원, 특히 국회의 교육위원회에 소속된 의원과 접촉하라. 그 의원이 지역구 사무실에 와 있을 때 면담을 요청하라. 의원 본인이 아니라 보좌관을 만나게 되더라도 실망할 필요는 없다. 법률안을 발의하거나 지지하는 데 있어서 보좌관은 핵심적인 역할을 한다.

국회의원이나 보좌관을 만나면 우선 당신, 그리고 함께 간 다른 사람들을 소개하라. 그 다음 그곳에 찾아간 이유를 간결하게 설명하라. 당신의 의견을 십분 이내로 전달하고, 당신의 의견을 간결하고 명료하게 요약한 문서를 상대방에게 보여 주도록 하라. 당신의 의견을 전할 수 있는 기회를 준 것에 대해 감사를 표하라. 이후에도 감사 편지와 그 날 논의한 사항을 돌아보는 편지 등을 보내며 접촉을 유지하라. 혹시 그 의원이 뭔가를 요청하면 반드시 그에 응하도록 하라. 그 의원 사무실에서 교육 관련 사안에 관한 우편물을 보낼 때 당신에게도 보내 줄 것을 요청하라.

머릿수가 많으면 힘이 커진다. 국회의원은 투표로 선출되는 사람이기 때문에 어떤 법률안에 찬성표를 던질지 반대표를 던질지 결정할 때 지역 유권자들의 의견에 영향을 받는다. 그러므로 당신과 입장을 같이 하는 사람들에게도 각자 해당 지역의 국회의원과 접촉하도록 권유해야 한다. 여론이 가시화되면 당신이 원하는 법률안이 통과될 가능성이 커진다. 그 과정에서 학생들을 빼놓으면 안 된다. 학생들이 영재 프로그램의 이점에 대해 편지를 쓰는 것도 도움이 된다. 해당 지역의 영재교육 관련 기관과 접촉을 유지하고 영향력 있는 지역 인사들한테도 협력을 구하라. 지역 인사 중에 국회의원들과 교류가 있는 사람이 있을 수도 있다. 영재교육 관련 회의나 당신이 사는 지역의 영재 프로그램에 해당 지역의 국회의원을 초대하라. 영재교육에 관한 정보를 알려 줄 수 있는 모든 기회를 활용하라.

효과적으로 활동하기 위해서는 입법절차가 어떻게 이루어지는지 알 필요가 있다. 법률안을 작성하고 발의하는 사람은 국회의원이지만 영재학생들에게 필요한 것이 무엇인지 학부모들이 국회의원들에게 가르쳐 준다면 관련 법안이 발의되어 통과될 가능성이 커질 것이다.

국회에서 이루어지는 입법 과정의 여러 시점에서 영재교육 관련 법안과 예산이 확대되거나 축소될 수 있다. 현재 어떤 법안과 자금 지원안이 입법 절차 중에 있으며, 그것이 자녀의 학교에 어떤 영향을 줄 것인지 미리 알아보라.

의견을 전달하기

실제로 조치를 취할 수 있는 사람에게 당신의 의견을 전달

영재학생들에게 필요한 것이 무엇인지 학부모들이 국회의원들에게 가르쳐 준다면 관련 법안이 발의되어 통과될 가능성이 커질 것이다.

하려면 어떻게 해야 할까? 해당 지역구 국회의원에게 전화를 걸고 편지를 보내는 것이 가장 주요한 방법이다. 학부모들이 유권자로서 편지를 보내고 전화를 하면 상대방이 영재교육에 대해 보다 진지하게 생각하게 된다. 특히 입법절차에서 중요한 시점에 그런 전화나 편지를 받는다면 그 효과는 더욱 클 것이다.

전화 통화는 그 메시지가 "△△에 찬성표를 내 주시기를 강력히 희망합니다."라든지 "○○를 지지해 주십시오."처럼 간단한 것일 때 가장 효과적이다. 지원의 필요성을 설명하고자 할 때에는 편지가 가장 효과적이다. 이메일이 간편해 보일 수도 있겠지만, 국회의원들이 받는 이메일의 양이 엄청나기 때문에 오히려 편지가 더 빨리 전달될 가능성이 크고, 또 더 진지하게 읽힐 것이다.

편지를 쓸 때 참고할만한 편지 양식과 예문이 아래에 나와 있다. 다음 사항도 염두에 두기 바란다.

- 가능하면 공식적인 편지지(개인 또는 기관의 이름과 주소가 찍힌 편지지)를 사용한다.
- 특정 법안에 대한 내용일 경우에는 그 법안의 정식명칭을 사용한다.
- 편지를 쓰는 이유를 밝힌다. 어떤 단체를 대표해서 쓰는 경우에는 그 단체에 관한 정보도 소개한다. 개인적인 경험담을 적절히

포함시켜 주장의 설득력을 높인다.

- 건설적인 태도를 가진다. 어떤 조치를 반대할 때에는 대안을 제시한다.

- 국회의원 본인의 입장을 글로 적어 회신해 달라고 요청한다.

- 협조에 감사를 표한다. 가능하면 칭찬의 말도 전한다.

국회의원에게 보내는 편지 양식

(존경하는) △△△ 의원님께

다음과 같은 점들을 밝힌다.
- 당신이 해당 지역구 유권자라는 점.
- 당신이 그 지역의 영재교육에 깊은 관심을 가지고 있다는 점.

당신의 자녀가 참가하고 있는 영재 프로그램을 소개한다.

당신이 그 의원에게 바라는 것이 무엇인지 말한다.
- "의원님께서 ○○법안에 찬성(혹은 반대)해 주셨으면 합니다." 또는 "□□법안의 공동발의의원이 되셔서 영재학생들의 교육적 요구를 지지해 주시기 바랍니다."
- 당신이 그 의원에게 바라는 조치(지원 자금의 액수 등을 포함하여)가 무엇인지 구체적으로 명시한다.

마지막으로, 그 사안에 대해 의원 본인은 어떻게 생각하는지, 어느 쪽에 투표할 것인지를 편지로 알려 달라고 부탁한다.

편지 예문

(존경하는) 홍길동 의원님께

저는 ○○구의 영재교육에 깊은 관심을 가지고 있는 지역 주민입니다. 유권자의 한 사람으로서 의원님께서 작년에 ㅁㅁ 법안에 찬성표를 내 주신 데 감사드립니다. 저희 동네에 있는 ○○초등학교는 훌륭한 영재 프로그램을 갖추고 있어서 저희 아들이 아주 즐겁게 학교에 다니고 있습니다. 그 프로그램에서 공부한 덕에 저희 아들이 수학에서 특별한 능력을 드러내게 되었습니다. 정규 학급 수업에서는 아이가 능력을 신장할 만한 기회가 없었었는데, 영재 프로그램에서 학생들 수준에 맞춰 진도를 빠르게 한 덕택에 아이가 흥미와 능력을 자극 받고 또 수학자처럼 사고하는 능력을 키우게 되었습니다. 영재 프로그램을 통해 저희 아이는 보다 수준 높은 학습에 대한 욕구를 충족시키게 되었고, 또 수학에 대한 애정도 커졌습니다.

제가 이렇게 편지를 드리게 된 것은 △△법안과 그 법안에 포함된 자금 지원안에 관해 말씀드리고 싶은 것이 있어서입니다. 저희 ○○초등학교 학부모 중 많은 이가 이 지역 학교에 대한 정부의 자금 지원이 없으면, 앞에서 말씀드린 영재 프로그램을 포함하여 전반적인 교육의 질적 저하가 일어날 것으로 우려하고 있습니다. 영재학생 일인당 지원 금액이 10만원으로 증액된다면 이 아이들에게 한 단계 나아간 교육 서비스를 제공할 수 있을 것입니다. 법안의 24번째 줄에 나온 대로 영재교육 지원금이 78억으로 증액된다면 이 지역 학교들의 영재 프로그램에 꼭 필요한 장비 및 물품을 조달하는 데 매우 큰 도움이 될 것입니다.

의원님께서는 이 자금 지원안에 대해 어떤 견해를 가지고 계신지, 또 △△법안에 찬성표를 내실 계획이신지, 아니면 반대표를 내실 계획이신지, 답장을 통해 알려 주신다면 매우 감사하겠습니다.

안녕히 계십시오.

200×년 ×월 ×일 김현수 올림

전화 예문

안녕하세요? 저는 ___라고 합니다. 저는 ___의원님 지역구
주민이고 ___초등학교(중학교, 고등학교)에 다니는 자식을 두
고 있습니다.

저는 영재교육 관련 입법에 관심이 많은 사람입니다. 그래서
의원님께서는 어떤 시각을 가지고 계신지 알고 싶습니다.

제 생각에는 이번 법안에서 영재교육 기금을 ___원으로 증액
해야 한다고 봅니다. 기금이 그렇게 증액되면 이 지역에서 운
영중인 영재 프로그램들에 필요한 물품과 자료를 지원하는
데 큰 도움이 될 것입니다.

의원님께서는 이번 ___법안에 찬성표를 내실 계획이신지 반
대표를 내실 계획이신지 편지로 알려 주신다면 매우 감사하
겠습니다.

제 이름은 ___이고 주소는 ___입니다. 이번 법안에 대한 표
결절차가 이루어지기 전에 소식 주시면 감사하겠습니다.

안녕히 계십시오.

의원 사무실에는 수많은 전화가 걸려오기 때문에 해당 분
야를 담당하는 보좌관이나 직원과 통화하게 될 수도 있다. 전

화를 걸 때에는 다음을 유의한다.

- 자신의 견해를 간결하고 명확하게 밝힌다.

- 실질적인 행동을 요청한다.

- 자신의 이름과 주소, 전화번호를 남긴다.

이메일

이메일은 당신의 메시지를 전달하는 데 가장 효과가 적은 방법이라 할 수 있다. 의원 사무실에는 워낙 많은 양의 이메일이 쇄도하기 때문에 직원들이 이메일을 하나하나 읽어보고 답장을 보낼 가능성이 낮다. 그리고 기관이나 단체의 공식적인 편지지를 사용하지 않기 때문에 전국적인 규모의 영재교육 관련 단체 등에서 온 이메일과 마찬가지로 비중 있게 다루어져야 할 당신의 메시지가 다른 메일과 뒤섞여 쉽게 구별되지 않는다.

그러므로 공식적인 편지지에 써서 편지로 보내는 편이 이메일에 비해 훨씬 더 무게를 실을 수 있다. 이메일은 의원 사무실의 직원들과 의사소통하기에는 효과적인 방법이 될 수 있지만, 의원 본인과 의사소통하기에는 그리 효과적인 방법이 아니다.

★ 당신이 항상 자녀가 우수한 교육을 받을 수 있게 최선을 다한다면, 훌륭한 어른으로 자라난 자녀가 당신의 노고에 대한 보상이 될 것이다.

마지막으로 덧붙이는 말

아이를 키운다는 것은 쉬운 일이 아니다. 하물며 그 아이가 유달리 호기심 많고, 창의적이고, 열성적이고, 재능 있는 아이라면 말할 것도 없다. 하지만 당신이 항상 자녀가 우수한 교육을 받을 수 있게 최선을 다한다면, 그리고 주변 사람 모두가 인내를 잃더라도 당신만큼은 끝까지 여유와 유머를 잃지 않는다면, 힘든 시간을 이겨낼 수 있을 것이다 그리고 훌륭한 어른으로 자라난 자녀가 당신의 노고에 대한 보상이 될 것이다.

이것이 궁금해요

어떤 질문에는 정답이란 것이 없다. 그런데 이 사실을 배우기가 너무나 힘들다. - 캐서린 그래엄(Katherine Graham)

1. 혹시 저희 아이가 학습부진아면 제가 어떻게 해야 될까요?

IQ와 상관없이 자녀가 현재보다 더 잘하기를 기대하는 부모는 자녀를 '학습부진아'로 생각하기 쉽습니다. 사실 이것은 주관적인 명칭에 가깝습니다. 다시 말해, 견해의 문제인 것이지요.

한 가지 생각해 보아야 할 것은, 부모님께서 아이가 힘겨워할 정도로 끊임없이 더 많은 것을 요구하고 있지는 않은가 하는 것입니다. 자신이 아무리 노력해도 부모의 기대에 부응하지 못할 거라고 느끼는 아이는 노력 자체를 그만둘 수도 있습니다. 그리고는 또 한 명의 학습부진아가 되는 것이지요.

어떤 영재아들은 정신적으로 '중도탈락' 하는 것으로 내면의 갈등을 해결합니다. 예를 들어, 이 아이가 인기를 몹시 얻고 싶어 하는데 또래 집단이 성적이 항상 좋은 아이, 수업 시간에 항상 정답을 말하는 아이를 반기지 않는 분위기라면 이 아이는 자신의 영재성을 숨길 것입니다.

어떤 아이들, 특히 십대 아이들은 학습부진을 부모에게 앙갚음하는 좋은(하지만 소극적인) 방법으로 여깁니다. 한 남학생은 "저희 아버지는 항상 제가 일류대에 가서 아버지와 같은 코스를 밟아 변호사가 되기를 기대하셨어요. 하지만 저는 그런 짜여진 틀에 맞춰 살기 싫어요. 그런 압박감은 이제 지긋지긋해요."라고 말합니다. 이런 가족은 상담을 통해 근본적인 문제를 직면하고 그것부터 풀어나갈 필요가 있습니다.

제가 아는 한 십대 소녀는 너무 어렸을 때부터 학습부진아로 살아온 나머지 영재로 판별될 기회를 한 번도 얻지 못했습니다. 이 학생은 누군가가 자신의 영재성을 알아볼라치면 그것을 숨기곤 했지요. 하지만, 이 학생에게 능력이 있다는 사실에는 의문의 여지가 없었습니다. 이 학생은 고3 때까지 내내 농땡이를 치며 보냈지만 한 달 가량의 여름 학기만을 듣고 상급 수학에서 A를 받았으니까요. 하지만 이 학생의 주요 관심사는 인기 있는 사람이 되는 것이었고, 영재 학생은 인기와 거리가 멀었습니다. 이 학생에게는 상담도 도움이 되지 못했습니다. 왜냐하면 자기 입장을 고집하기로 이미 단단히 마음먹은 아이에게는 남이 해 줄 수 있는 게 거의 없기 때문이지요. 결국, 아이들이라 하더라도 최종적인 결정은 본인이 할 수밖에 없는 것입니다.

부모가 해 줄 수 있는 한 가지가 있다면 그것은 아이가 계획하고 정리하는 기술을 계발하도록 이끌어 주는 것입니다. 특히 이것은 창의적인 학습부진아에게 중요합니다. 아이가 창의성과 계획성 사이에서 균형을 맞추도록 도와 주어야 합니다. 일부 창의성이 몹시 높은 아이들은 사물을 계획하고 정리한다든지, 한 가지 일이 끝날 때까지 그 일에 매달린다든지 하면 창의성에 방해가 된다고 생각하는 듯합니다. 그렇지 않다는 것을 알려 주려면 부모가 본보기가 되는 것이 가장 좋은 방법입니다. 부모님 자신이 창의적인 작업을 끝까지 해내는 모습을 보여 주세요.

2. 집에서 시킬 수 있는 좋은 활동에는 어떤 것이 있나요?

좋은 영재 프로그램에 관해 앞에서 배웠던 것들을 아이의 일상 활동에 적용할 수 있습니다. 예를 들어 두 개의 이야기, 혹은 한 이야기의 두 가지 버전을 비교, 대조해보게 하면 아이의 고차원적 사고 능력 향상에 도움이 됩니다. 또, 이야기를 하나 읽어주되 결말을 읽어주지 않고 아이 스스로 만들어

보게 할 수도 있습니다. 아이는 어느 쪽 이야기가 더 좋은지 결정하는 과정에서 사물을 평가하는 연습을 하게 됩니다.

텔레비전을 볼 때에도 그냥 수동적으로 시청하는 대신 고차원적 사고 능력을 사용하게 이끌어주면 교육적인 효과를 얻을 수 있다. 예를 들어, 두 개의 프로그램을 비교, 대조해 보거나, 다른 결말을 만들어 보거나, 특정 프로그램(교양 프로그램도 괜찮고 드라마나 쇼 프로그램도 괜찮습니다)의 가치를 평가해 보도록 하는 것입니다.

자기 물건들을 여러 가지 방식으로 분류하거나 정리해 보도록 권하는 것도 좋은 방법입니다. 또, 집안의 물건들을 어떤 다른 용도로 사용할 수 있을지 떠올려 보게 하거나, 집안의 일상적인 문제를 해결하기 위한 새로운 방법(예를 들어 더 효과적인 쥐덫)을 고안하도록 권장해 주세요.

아이가 어리더라도 빨간 스웨터를 입을지 파란 스웨터를 입을지 스스로 결정하게 해 주어야 합니다. 그리고 왜 그 옷을 골랐는지 물어 보세요. 아이는 그 이유를 말하며 더 많은 생각을 하게 되고, 또 부모님도 배우는 바가 있을 수 있습니다.

부모님 자신의 취미 활동이나 관심사를 아이와 함께 해 보세요. 함께 책을 읽고, 여행을 하고, 사람들을 만나며, 세상의 경이로움을 함께 느껴 보세요. 아이가 흥미를 가지는 대상의 유래나 역사를 함께 찾아보고, 아이와 함께 바위, 식물, 벌레 등을 탐구해 보세요. 서로의 생각을 나누고 토론해 보세요.

요리는 훌륭한 학습의 기회가 될 수 있습니다. 조리법을 읽고, 거기에 대해 이야기를 나누고, 조리법을 순서대로 따라하고, 재료를 살펴보고, 각 재료의 역할과 비중을 파악하고, 재료가 한 가지 없을 때는 대신 무엇을 넣을 것이며, 그 결과 요리가 어떻게 변할 것인지 생각하는 것, 이 모든 일이 요리 과정에 포함되어 있기 때문이지요. 또, 두 사람의 창작품을 맛본 후에는 아이에게 이런 질문을 던져 볼 수 있습니다. "이거 좋은 조리법인 것 같니? 왜 그렇게 생각해? 어떻게 고치면 더 맛있어질까? 너는 무슨 음식이 제일 좋니? 왜?"

3. 저희 딸은 학교가 따분하다는 말을 입에 달고 살아요. 수업이 애한테 안 맞아서 그런 건지 아니면 그냥 애가 게을러서 그런 건지 어떻게 알 수 있나요?

많은 아이들이 학교 공부가 따분하다고 말합니다. 이 아이의 경우, 수업이 실제로 따분하고 도전감을 주지 못하는 것일 수도 있고, 아니면 숙제를 안 한다든지 공부에 최선을 다하지 않는다든지 하는 것에 대한 변명으로 그런 말을 하는 것일 수도 있습니다.

우선 아이의 선생님과 이야기를 나눠 보세요. 혹시 학교 공부가 너무 쉽거나 반복이 많거나 전반적으로 재미없지는 않은지 알아보세요. 게으름이 문제의 원인일 가능성은 많지 않습니다. 그보다는 아이가 지루함에 대처하는 방법을 모른다는 것이 문제일 수 있습니다.

제가 아는 한 유치원생도 따분하다는 말을 입에 달고 살았었습니다. 제가 그 아이에게 "이해가 안 되는구나. 유치원에서 이것저것 많이 하잖니. 따분하다는 게 너한테는 무슨 뜻이니?"라고 묻자 이렇게 대답하더군요. "제가 하고 싶은 일을 하는 게 아니라 남들이 저한테 원하는 일을 해야 한다는 뜻이에요." 즉, 이 아이는 자기한테 주어진 일을 하기가 싫었던 것이지요.

산다는 것이 항상 재미있지만은 않다는 것을 아이에게 설명해 줄 필요가 있습니다. 사람은 누구나 가끔씩 따분함을 느끼기 마련이고, 하고 싶지 않지만 해야만 하는 일도 있지요.

만약 아이가 어떤 장소에서 꼼짝없이 기다려야만 하는 상황을 지루하다고 불평한다면 아이에게 머릿속으로 하는 놀이나 끝말잇기처럼 머리를 바쁘게 움직이는 일을 하면서 시간을 보내는 법을 가르쳐 주세요.

4. 저희 아들은 하루 종일 책만 읽고 싶어 해요. 제가 어떻게 해야 되나요?

아이가 책을 읽고 싶어 할 때는 실컷 읽게 해 주세요. 하지만 산책을 하고 놀이를 하고 다른 사람들과 함께 어울리는 즐거움도 가르쳐 주어야 합니다. 부모님이 과민하게 반응한다든지 걱정하거나 놀란 기색을 보인다든지 하게 되면 아이의 그런 행동이 더 심해질 수 있습니다. 아이가 신체 활동과 정신 활동의 균형을 잡도록 도와주는 것이 중요합니다. 그래야 아이가 건강을 유지하고 균형 잡힌 생활을 할 수 있습니다.

5. 저희 아들은 컴퓨터 외에는 아무 것도 안 하고 싶어 해요. 어떻게 해야 될까요?

아이가 좋아하는 주제에 관한 책과 잡지들을 구해 주세요. 시간을 내서 함께 산책을 나가 아이가 관심 있어 하는 것에 대해 이야기를 나누세요. 함께 소풍도 가고 운동도 하며 즐거운 시간을 가지세요. 뭐든 도가 지나친 것은 좋지 않습니다. 컴퓨터로 무엇을 하는지, 누구와 말을 주고받는지 꼭 관찰해야 합니다. 컴퓨터는 어떻게 사용하느냐에 따라 멋진 물건이 될 수도, 끔찍한 물건이 될 수도 있습니다.

6. 저희 아이가 저보다 더 똑똑한 것 같아요. 제가 특별히 알아야 되는 것이나 해야 되는 것이 있나요?

혹시 아이가 부모님보다 IQ가 높다 하더라도 연륜과 지혜에서는 부모님을 따르지 못합니다. 그러므로 집안의 대장은 부모님이 되셔야 합니다.

아이의 IQ가 아무리 높아도 그것 때문에 겁먹고 움츠러들면 안 됩니다. 만약에 아이가 핵물리학에 관심이 있다면 아마 부모님은 아이가 배우는 것을 절대로 따라가지 못할 것입니다. 하지만 부모님이 가르쳐 줘야만 하는 것들도 있습니다. 예를 들자면, 예의범절이라든지 사람들을 대하는 태도 같은 것 말이지요. 부모님 자신의 취미 활동이나 좋아하는 것을 아이와 함께 하는 것도 좋습니다. 노래 부르기도 괜찮고 우표 수집도 괜찮습니다. 부모님 자신의 능력을 과소평가하지 마세요. 아이에게 가르쳐 줄 것이 늘 있을 것입니다. 아이보다 오래 살면서 얻은 인생의 지혜가 있으니까요.

7. 저희 아들 중에 한 명은 영재인데 다른 한 명은 아니에요. 어떻게 하는 것이 좋을까요?

저희 집 아이 중 두 명이 유치원에서 영재 판별 검사를 받았을 때 한 명은 영재 프로그램에 들어갈 자격이 있는 것으로 나왔지만 다른 한 명은 그렇지가 않았습니다. 저는 한 아이한테만 영재라는 명칭이 붙는 것을 원치 않았기 때문에 영재로 판별된 아이를 영재 프로그램에 넣지 않기로 결정했습니다. 대신에, 둘 다 예술대안학교에 입학시켰지요. 그렇게 함으로써 두 아이 모두가 가진 창의적인 성향을 만족시킬 수 있었고, 또 형제간에 비교되는 문제를 피할 수 있었습니다.

얼마 전에 11살 된 일란성 쌍둥이가 뉴욕시 영재 중학교에 지원했다가 한 명만 합격한 일이 있었습니다. 두 아이의 성적은 같았지만 한 아이가 다른 아이보다 연극에 재능이 있었기 때문이었습니다. 쌍둥이의 부모는 이 결정에 맞서 싸우겠다고 선언했고, 한 일간지에는 "뉴욕시의 쌍둥이가 배운 것, 인생은 공평하지 않다"라는 표제를 단 기사가 실렸습니다.

부모가 아이들 각자의 독특한 가치를 발견하고 인정해 줄 때 아이들의 인생은 좀 더 '공평'해질 수 있습니다. 그리고 그 독특한 가치라는 것은 IQ 점수와는 아무 관계가 없습니다. 아이들 각자가 가진 특별함을 돋보이게 해 주세요. 아마도 영재 자녀는 이미 그 영재성 때문에 특별한 관심을 받고 있을 것이고, 또 특별 학급에 다니고 있을 것입니다. 그러므로 다른 자녀가 더 잘하는 것, 혹은 흥미 있어 하는 것에도 관심을 가져 주시고, 그 아이도 다른 과외 활동을 할 수 있게 해 주세요.

한 가지 주의해야 할 점이 있습니다. 만약에 자녀 중에 학업 능력이 떨어지는 아이가 있어서 부모님이 늘 그 아이에게 더 관심을 쏟는다면 영재 자녀가 자기도 부모님한테서 똑같은 양의 관심을 받기 위해 재능을 다 드러내지 않을 수 있습니다. 부모님이 자신을 소홀히 대한다는 느낌을 받지 않도록 영재 자녀에게도 충분한 관심을 가져 주세요.

8. 저희 아들은 산수 책에 나온 응용문제를 풀라고 하면 머릿속에서 바로 답이 나온다며 답만 달랑 써요. 선생님이 문제 풀이 과정을 쓰라고 해도 말을 안 들어서 점수를 깎이고요. '과정'이 중요하다는 것을 어떻게 이해시켜야 할까요?

어떤 일을 할 때 정답을 내놓는 것만큼이나 '어떻게' 하는 것인지 아는 것도 중요하다는 것을 설명해 주세요. 답을 알아내는 데 필요한 과정을 정확히 이해하게 되면 나중에 난이도가 높은 수학 계산을 할 때 더 잘 할 수 있습니다.

아이들이 시험에서 답은 맞았는데 계산 과정에 실수가 있어서 점수를 깎이는 일이 가끔 있습니다. 아이들 입장에서는 부당하다고 느낄 수도 있겠지만, 과정을 보여주는 것은 중요합니다. 그래야 뭐가 틀렸는지 선생님이 볼 수 있으니까요. 덧셈, 뺄셈이나 곱셈에서 계속해서 실수를 하는 아이는 결국 나중에 머릿속에서 바로 답이 나올 수 없을 만큼 문제가 어려워지면 정답을 내지 못할 것입니다.

9. 저희 딸이 사춘기가 되더니 밖에서 있었던 일을 저한테 말하기 싫어해요. 전에는 뭐든 다 말했었는데요. 어떻게 해야 다시 예전처럼 친하게 지낼 수 있을까요?

지금 부모님께서 말씀하신 현상은 세상에서 가장 자연스러운 현상입니다. 아이가 완전히 독립된 성인이 되기 위해 부모님으로부터 떨어져나가는 과정의 일부지요.

호르몬이라는 골치 아픈 문제가 끼어드는 사춘기의 어느 시점이 되면 아이들은 자기 생활에서 일어나는 재미있는 일들을 부모에게 일일이 얘기하는 것보다는 친구들에게 털어놓는 것이 더 안전하고 즐겁다고 느낍니다.

이에 대해 심리학자들은 부모들에게 이렇게 조언합니다.

흥분하지 말 것, 부모 자신의 생활을 계속 어느 정도 아이와 공유할 것(아이가 관심이 있다면), 아이를 다그쳐서 입을 열게 하고 싶은 유혹에 넘어가지 말 것(만약 이 유혹에 넘어가면 원하는 것과는 정반대의 결과를 얻게 됩니다), 아이가 개인 생활을 가지려고 하는 것을 부모 자신에게 감정이 있어서 그러는 것으로 받아들이지 말 것(정말로 이것은 부모와는 아무 관계가 없는 문제입니다).

아이가 자기 생활에 관한 이야기를 한두 가지 무심결에 털어놓았을 때 그 내용을 가지고 비판하지 않도록 특별히 조심해야 합니다. 또, 아이가 어쩌다가 한번 입을 열었을 때 기회다 싶어서 더 많이 말하도록 강요해서도 안 됩니다. 그냥 잘 들어주는 것이 최선입니다. 많은 십대 아이들은 자기가 말할 때 부모님이 전혀 귀를 기울이지 않는다고, 그래서 더 이상 이야기할 기분이 안 든다고 불평합니다. 또 한 가지, 인내심을 가지세요. 만약에 아이가 예전에는 부모님께 뭐든 다 말하는 아이였다면 나중에, 질풍노도의 시기가 지나가면 다시 부모님과 대화를 시작할 것입니다.

10. 공립학교, 사립학교, 홈스쿨링 중에서 어느 것이 저희 아이에게 더 나을까요?

아이의 능력과 특성, 가족의 가치관, 경제적 형편, 어느 정도까지 희생할 각오가 되어 있는지, 해당 학군의 사립 · 공립학교들이 어느 정도로 잘 가르치는지, 부모님 스스로 아이를 가르치는 것에 대해 어느 정도로 편안하게 느끼고 어느 정도의 능력이 있는지에 따라 다릅니다. 또, 부모님께서 고려중인 학교에 영재 프로그램이 있는지, 있다면 얼마나 잘 운영되고 있는지에 따라서도 다릅니다.

우선, 조사가 필요합니다. 후보로 올려놓은 학교들을 한 곳 한 곳 다 찾아가 보고 많이 물어보세요. 아는 사람 모두에게 그 자녀가 다니는 학교에 대해 이야기해 달라고 하세요. 하지만 직접 확인해보지 않고 남들한테서 들은 말만 가지고 판단하는 것은 금물입니다.

만약에 주변에 있는 공립학교가 영재 프로그램을 훌륭하게 운영하고 있고, 교장 선생님이 학생들의 교육적 요구에 민감한 분이고 교사들이 학생들을 잘 보살피는 학교라면 아이를 그곳에 보내는 것도 좋을 것입니다. 하지만 만약 그 학교에 찾아갔을 때 그런 부분에서 전혀 좋은 인상을 받지 못했다면 아이를 사립학교에 보내는 편이 나을지도 모릅니다. 물론, 이 때도 역시 교장 선생님이 학생들의 교육적 요구에 민감한 분이고, 창의적인 프로그램이 있어서 영재아들에게 어느 정도의 개별 학습을 허용하고, 선생님들이 영재 학생들을 이해하고 배려하는 학교라야 합니다.

요즘 홈스쿨링을 택하는 부모가 늘고 있습니다. 홈스쿨링은 엄청난 시간과 자원을 투입해야 한다는 단점이 있지만, 그 반면에 자녀의 학습 스타일과 적성에 맞추어 가르칠 수 있다는 장점이 있습니다. 또, 자녀만을 위한 맞춤형 교과과정을 계획할 수도 있습니다. 아이도 다른 학생들이 따라오기를 기다릴 필요가 없으므로 더 많은 것을 더 빨리 배울 수 있습니다. 홈스쿨링에 관한 보다 자세한 사항은 219~224쪽을 참고하세요.

11. 과외 활동은 몇 가지를 시켜야 적당한가요?

그것은 아이에 따라 다릅니다. 한 초등학교 4학년 학생이 과외 활동이라면 지금 하고 있는 것들만으로도 넌더리가 난다고, 그래서 다른 것을 새로 더 하고 생각은 전혀 없다고 저에게 말하더군요. 제가 "그래도 그 덕분에 네가 뭐든 다 잘 하잖니."라고 지적하자 아이는 이렇게 대답했습니다. "바로 그게 문제예요. 월요일 밤에는 하키, 화요일 밤에는 수영, 수요일 밤에는 교회, 목요일 밤에는 체스 클럽에 가야 돼요. 제 시간은 하나도 없다구요."

아침에 눈뜨고 나서부터 밤에 잠들 때까지 아이가 할 일을 계획해 주면 아이는 자기 스스로 결정해서 시간을 사용하는 법을 배울 수 없습니다. 아이들은 자유시간이 한두 시간 있을 때 따분해하거나 남이 즐겁게 해주기를 기대하지 않고 스스로 알아서 시간을 보내는 법을 배워야 합니다.

저희 집 아이들이 아주 어렸을 때 저는 아이들에게 한 학기에 한 가지 과외 활동만 골라서 하게 했었습니다. 아이가 여러 명이라 이 과외 활동 저 과외 활동으로 데려다 주는 것이 쉬운 일이 아니었기 때문에 제 자신의 한계도 인정할 필요가 있었던 거지요. 영재자녀에게 "네가 그 활동들에 모두 관심 있다는 건 알아. 그렇지만 내 시간과 에너지는 정해져 있단다."라고 말하면 안 될 것 같은 기분이 들 수도 있습니다. 하지만 필요한 경우에는 그 말을 해야 합니다. 유난히 똑똑하고 정력적인 아이를 키우는 일은 부모를 지치게 합니다. 게다가 그런 자녀가 한 명만 있는 것이 아니라면 맞춰 줘야 하는 방향이 아이마다 제각각일 테니까요.

12. 저희 아이는 너무 제멋대로 행동해서 남들을 불쾌하게 합니다. 어떻게 하면 좋을까요?

아이가 늘 잘난 척을 하고 남들이 하는 말을 무시하고 뭐든 자기 맘대로 하려고 한다면 부모님께서 조치를 취하셔야 합니다. 그런 아이 옆에 있고 싶어하는 사람은 아무도 없으니까요. 이 아이는 자기의 행동이 남들에게 어떤 영향을 주는지 배워야 합니다. 그리고, 자신의 욕구뿐만이 아니라 남들의 욕구에도 좀 더 민감해질 필요가 있습니다.

이런 아이들은 보통 남의 말을 귀담아 듣지 않기 때문에 부모님이 충고를 해도 별 효과가 없을 것입니다. 그보다는 그런 불쾌한 행동을 당하는 상대방의 입장이 어떨지를 보여 주는 것이 가장 좋은 방법입니다. 아이에게 이렇게 말해 보세요. "네 행동이 어떤지 내가 보여줄게. 보고 나서 기분이 어떤지 말해 줘." 그리고는 아이의 행동을 하나 예를 들어 보여 주고 그것에 대해 이야기를 나누세요.

아이가 그렇게 고약하게 구는 것은 어쩌면 부모님과 아이 두 사람 사이에 진행 중인 힘겨루기의 결과일지도 모릅니다. 만약에 그렇다면, 이제 부모님이 공정하고 일관성 있는 좋은 규칙을 세워야 할 때입니다. 그리고 무슨 일이 있어도 그 규칙을 고수해야 합니다. 이런 규칙이 있으면 아이는 자기보다 더 나이 많고 현명한 사람이 책임자라는 것을 알게 되어 안전감을 느낄 것입니다. 그리고, 행동의 기준선이 생기므로 문제 행동이 줄어들겠지요.

일반적으로, 규칙을 실행할 때 무리가 없으려면 다음과 같은 조건을 갖추어야 합니다.

• 규칙이 명확해야 하고, 세부 사항까지 미리 합의가 돼 있어야 합니다. 예를 들어, 학교 갈 준비를 아침 식사 전에 모두 끝내 놓아야 한다는 규칙을 세우려 한다면 '준비'라는 것이 정확히 무엇을 뜻하는 것인지도 정해야 합니다.

• 현실적인 규칙이라야 합니다. 시행 가능한 것인지, 아이가 정말로 따를 수 있을지, 부모님 자신이 규칙을 깨지는 않을지, 규칙을 따르도록 감독할 수 있을지 먼저 생각해 보세요.

- 대화를 통해 아이가 규칙을 받아들이게 해야 합니다. 왜 그 규칙이 필요한지, 그 규칙을 따르면 자신에게 어떤 도움이 되는지 아이가 깨닫게 해 주세요.

- 규칙이 지켜지지 않았을 때 가할 벌칙을 정해야 합니다. 즉, 자신이 규칙을 깨면 어떤 결과가 기다리고 있는지 아이가 알고 있어야 합니다.

13. 부모 자신을 위한 조언은 없나요?

대부분의 영재아들이 가끔씩 불안감을 느낍니다. 그런데 그것은 부모들도 마찬가지입니다. 마치 지도도 없이 사막을 걷는 듯한 막막함과 고립감이 느껴질 때도 있을 것입니다. 바로 그런 때에 다른 영재 자녀를 둔 부모들에게서 도움을 받아야 합니다. 가족이나 친척은 별로 의지가 되지 않을지도 모릅니다. 부모님이 남다른 자녀를 키우며 겪는 일들을 이해하지 못할 수도 있기 때문이죠.

아이에게 영재 친구들이 있을 것입니다. 그 아이들의 부모들한테서 도움을 받으세요. 학부모들한테서 이런 말을 수없이 들었습니다. "다른 집에도 도서관의 책을 거의 다 읽다시피 한 아이가 있고 그 부모들도 아이를 어떻게 해야 할지 몰라 쩔쩔맨다는 사실을 알고 나니 너무 안심이 돼요." 다른 집 아이들도 가스레인지를 가지고 실험을 하기도 하고 작동원리를 알아 본다며 탁상시계를 분해하기도 하고 고양이를 세면

대 안에서 자도록 훈련시키기도 한다는 이야기를 들으면 심리적으로 도움이 됩니다. 대부분의 경우, 혼자가 아니라는 것을 알면 도움이 되지요.

다른 전문 직업들과 마찬가지로 부모라는 자리도 사람을 탈진하게 만듭니다. 단지 우리가 그 사실을 잘 인정하지 않는다는 점만 다를 뿐입니다. 부모님의 사회적, 정서적 욕구도 중요합니다. 그것을 무시하면 안 됩니다. 부모님 자신의 정신 건강을 지키기 위해 다음의 사항들을 실천하시기 바랍니다.

- 자신의 생활을 가지세요. 취미 생활을 즐기고 자신이 하는 일에 자부심을 가지세요.
- 아이에게 너무 모든 것을 투자하지 않도록 주의하세요. 아이만 보고 사는 것은 아이와 부모 모두에게 좋지 않습니다.
- 자신의 창의성을 발휘하는 시간을 가지세요. 자신의 생각과 느낌을 표현할 방법을 찾아보세요. 즐거운 일, 하고 나면 기분이 새로워지는 일을 찾아서 하세요.
- 스트레스 주는 생각 대신 마음이 평온해지는 생각을 하세요. 긍정적인 면에 집중하세요. 주변의 좋은 일들, 좋은 사람들에 대해 기뻐하고 감사하는 마음을 가지세요.
- 성인 친구를 만나세요. 너무 당연해서 할 필요가 없는 말처럼 들릴지도 모르겠지만, 영재 자녀에게 쏟아야 하는 시간이 워낙 많다 보니 실제로 어떤 부모님들은 자신의 친구를 만날 시간을

포기합니다. 부모님 자신에게 힘을 불어넣어 주고 격려해 줄 친구를 만나세요.

14. 제가 저희 아이를 위해 모든 것을 제대로 하고 있는 건가요?

핵심적인 질문이지만 대답하기는 정말 어려운 질문이네요. 절반의 대답은 드릴 수 있습니다. "부모님만이 그것을 확실하게 알고 있습니다."

하지만, 여기까지 이 책을 다 읽으신 분이라면 자녀를 위해 모든 것을 잘 하려고 '노력'하는 성실한 부모님임에 틀림없습니다. 어쨌거나 완벽주의는 금물입니다. 부모님 자신에게 A를 주어도 괜찮지 않을까요?